GÉRARD EJNÈS

LE LIVRE D'OR DU FOOTBALL

2000

Préface de

LADISLAS LOZANO

SOLAR

Si vous souhaitez recevoir notre catalogue
et être tenu au courant de nos publications,
envoyez-nous vos nom et adresse, en citant ce livre
et en précisant les domaines qui vous intéressent.

Éditions SOLAR
12, avenue d'Italie
75013 PARIS
Internet : www.solar.tm.fr

Directeur de collection : Renaud de Laborderie

ISBN 2-263-02985-0
Code éditeur : S02985
Impression Pollina s.a., 85400 Luçon - L 80487

SOMMAIRE

« LA GRANDE AVENTURE »

par Ladislas Lozano

L'exploit de Calais n'est pas dû au hasard. Il est basé sur le respect des hommes et d'un projet commun, discuté, élaboré avec tous les décideurs du club. Au fil des années, les joueurs ont acquis une grande maturité. Ajoutez à cela un gros travail et, je l'espère, une certaine compétence. Vous comprendrez déjà mieux les raisons d'une telle performance.

Lorsqu'en 32e de finale nous avons éliminé Lille, personne n'a vraiment remarqué que nous avions explosé physiquement le leader de la D2. Ce résultat fut confirmé en 16e de finale contre Langon-Castets dans un match plus difficile que le score ne le laisse paraître. Le tournant de notre parcours se situe contre Cannes en 8e de finale. Nous avons vraiment souffert. Cannes a ouvert le score à la 115e minute. L'égalisation de Christophe Hogard et notre qualification aux tirs au but nous ont permis d'acquérir une énorme force mentale collective. Nous avons réussi un rétablissement qui paraissait impossible. Quelquefois, vouloir ne suffit pas. Il faut aussi savoir et pouvoir. Après ce match, j'ai trouvé de nouvelles directions à proposer à mes joueurs, notamment au niveau de la préparation psychologique. Elles nous ont permis de bien préparer les affrontements contre Strasbourg et Bordeaux.

Quand les Girondins ont égalisé en prolongation, tout le monde pensait que nous allions nous effondrer. J'étais pour ma part persuadé que nous allions gagner. J'ai toujours pensé que nous allions gagner. Techniquement nous pouvions avoir des problèmes, mais physiquement nous étions prêts, tactiquement nous pouvions surprendre et mentalement je savais que nous serions plus forts qu'eux. Mes joueurs entrent toujours sur le terrain convaincus qu'ils peuvent traiter d'égal à égal avec leurs adversaires.

La seule personne que je suis allé rencontrer avant la finale c'est mon modèle, Aimé Jacquet. Il m'a dit : « Toi et ton équipe, restez comme vous êtes. » Nous l'avons fait. Nous avons contrôlé le déferlement médiatique. Nous n'avons pas changé. Pourtant, en finale contre Nantes nous avons été moins bons, moins complets. Pour mon équipe qui sera allée au « bout du bout », ce match est arrivé trop tardivement dans la saison. Ce jour-là, elle n'a pas joué sur sa véritable valeur. Quel merveilleux souvenir cependant ! Bravo aux Nantais pour leur victoire et pour tout le respect qu'ils nous ont témoigné.

Les joueurs de l'équipe de France ont aussi de formidables souvenirs de cette saison. Ils sont allés chercher leur titre au plus profond d'eux-mêmes. C'est avec les tripes et le mental que Wiltord a égalisé contre l'Italie. Le but de Trezeguet est plus psychologique que technique. Je suis très heureux que Roger Lemerre ait pu mener la France à la victoire.

2000 odyssée de Calais. La France découvre Ladislas Lozano.

L'équipe était plus forte qu'il y a deux ans. La difficulté consiste toujours à confirmer sur le terrain. Roger Lemerre l'a fait avec sa propre personnalité. Il s'est identifié par rapport à Aimé Jacquet, auquel il était tellement difficile de succéder. Sa réussite est immensément grande. Le titre mondial, c'était la victoire de l'équipe de France, d'Aimé Jacquet, des éducateurs, de la France dans toute sa globalité, dans toutes ses différences qui sont aussi ses richesses. Le titre européen représente lui la consécration de son nouvel entraîneur et de son équipe. C'est très bien ainsi.

L'exceptionnel parcours de Lozano et Calais. Une histoire d'hommes.

Vous vous en doutez, j'ai apprécié la victoire de Gueugnon en Coupe de la Ligue. Contrairement à la nôtre, elle repose en partie sur le travail effectué dans les centres de formation des clubs pros. Chez nous, la saison dernière, 14 des 24 joueurs étaient nés à Calais et n'avaient connu aucun autre club. Des 10 autres joueurs, 3 seulement avaient passé au moins trois ans dans un centre de formation. C'est bien pour cela que j'ai dit que « notre réussite nous appartenait ». C'est celle de tout le club, de ses dirigeants et de son staff technique d'hier et d'aujourd'hui, car, ensemble, ils ont su bâtir un club fort malgré de nombreuses difficultés chroniques.

Bravo aussi à Monaco, très beau champion qui mise sur la qualité du jeu avec à sa tête un éducateur, Claude Puel, qui a pris le temps d'apprendre son métier. La chute de l'OM me confirme dans l'idée que l'excès est forcément négatif. Objectif trop haut placé, argent, colère, violence, stress mal géré. En toute chose, l'OM est un club excessif. Étant né à Cuenca, à mi-chemin entre Valence et Madrid, j'ai suivi de près le succès du Real en Ligue des champions. Il prouve que les grands clubs ne meurent jamais.

Pour ma part, j'ai décidé de poursuivre mon parcours à Calais où je me sens très bien. Les finances sont assainies, notre projet sportif est désormais plus ambitieux. J'avais la possibilité de prendre en charge un club professionnel, mais les méandres du milieu et l'indécision de mes interlocuteurs n'ont pas permis de trouver un accord. J'espère que ce n'est que partie remise. Pour l'instant, j'ai le sentiment que je ne suis pas accepté tel que je suis. J'ai sans doute dérangé un milieu conformiste et replié sur lui-même.

Je ne suis pas un provocateur dans l'âme. Je suis simplement un passionné de football qui s'exprime sur son vécu et notamment dans le milieu amateur pour lequel je demande plus de considération. Pour moi, le football est une succession de carrefours de vies. Une grande aventure humaine. Il permet aux gens de se rencontrer, de partager un amour commun dans le plaisir et la convivialité. C'est pour cela que j'ai donné ma vie au foot. Il me l'a bien rendu. Que les années 2000 soient la continuité de cette saison passée au niveau du jeu et du plaisir que nous avons ressenti notamment pendant le championnat d'Europe des Nations. Plaisir des yeux pour les spectateurs et les supporters, plaisir du jeu pour les joueurs, plaisir du travail bien accompli pour les éducateurs.

Que la violence soit bannie et éliminée de nos stades afin que ceux-ci redeviennent des lieux de rencontre ouverts à toute la famille.

Vive le foot.

Le 11e Euro, coorganisé par la Belgique et les Pays-Bas, s'est ouvert le 10 juin au stade Roi-Baudouin de Bruxelles.

Le journal des Bleus

Mercredi 7 juin

LE CASSE-TETE DE LEMERRE

C'est en provenance de Casablanca, où ils viennent de gagner le tournoi Hassan-II, que les Bleus débarquent en milieu d'après-midi à Bruxelles.

Un car les conduit à Genval-les-Eaux, dans la résidence qui leur a été réservée pour la durée de cet Euro. Le château du Lac porte bien son nom. Il est construit au bord d'une étendue d'eau de 18 hectares. La Fédération française y a retenu 50 chambres individuelles.

Ce mercredi-là, le sélectionneur Roger Lemerre est encore sous le choc du France-Maroc (5-1) de la veille au cours duquel Henry et Anelka ont réalisé un festival offensif. Dix jours plus tôt, il affirmait connaître son équipe de départ. Il n'est plus sûr de rien : « Ma réflexion a forcément évolué, reconnaît-il. J'ai un choix très pointu à effectuer. »

A peine les valises posées, les vingt-deux Français se retrouvent sur la pelouse du stade de Wavre pour un entraînement.

Jeudi 8 juin

ZIDANE EST IMPATIENT

« On vise le titre évidemment. » Roger Lemerre ne se cache pas derrière son petit doigt. « Les Pays-Bas auront l'avantage du sol, mais il ne sera pas facile de nous battre », ajoute-t-il.

Roger Lemerre, l'héritier.

Cet élan d'optimisme inquiète un peu Laurent Blanc qui le tempère du haut de son expérience : « Autant la critique et la crainte étaient un peu exagérées en 1998, autant là je sens l'entourage des Bleus un peu trop confiant. »

L'entraînement se déroule sous un chaud soleil. Zidane régale le public de Wavre d'un but extraordinaire. Le meneur de jeu des Bleus est impatient : « Il me tarde que cela commence, dit-il. On sera prêt et j'espère qu'on retrouvera un France-Pays-Bas au bout. »

L'option Anelka flotte de plus en plus dans l'air du temps : « Il a un talent immense, explique Lemerre. Personne ne peut rien contre lui quand il se met au service des autres. »

Vendredi 9 juin

PETIT VEUT ÉCRIRE L'HISTOIRE

Deux jours avant d'affronter le Danemark, les Bleus s'entraînent à huis clos. Des petites souris aperçoivent tout de même Henry et Anelka éclater de rire sur la pelouse de Wavre. Ces deux-là ont le vent en poupe, même si Lemerre explique qu'il a « de plus en plus d'hésitations, car les joueurs sont de plus en plus performants ».

« Nous sommes plus forts qu'il y a deux ans et nous avons un moral d'acier », assène Deschamps dont ce seront les dernières paroles publiques de l'Euro.

« On aurait pu croire que nous étions à notre apogée en 1998 mais le groupe a progressé » souligne Djorkaeff.

« La Coupe du monde nous a fait un bien fou au niveau confiance, déclare Petit. Nous avons l'occasion d'entrer dans l'Histoire, de réussir un truc dont on parlera dans 50 ou 100 ans. » Aucune équipe n'a encore réussi l'enchaînement victorieux Mondial-Euro.

Côté danois, c'est la soupe à la grimace. Jorgensen, Högh, Steen Nielsen et Helveg blessés sont d'ores et déjà forfaits. « Quand tout le monde est en forme, le Danemark a une bonne équipe, affirme le charismatique gardien de but Peter Schmeichel. Nous avons hélas des problèmes qui pourraient nuire à notre équilibre général. »

En match d'ouverture, le gardien belge Dewilde maîtrise devant le Suédois Larsson. Il ne sera pas toujours aussi heureux.

Samedi 10 juin

DU RIFIFI CHEZ LES BLEUS

En 1984 (Euro), 1992 (Euro) et 1998 (Mondial), le vainqueur du France-Danemark au premier tour a remporté la compétition. A vingt-quatre heures d'une entame très attendue, la superstition bat son plein. Obligés de voyager la veille de leur match, les Bleus, qui se produiront à Bruges, quittent Genval en car dans la matinée et s'installent à Ostende où le point presse tourne au vinaigre.

Deschamps et Thuram, pourtant annoncés, jouent les Arlésiennes pour « convenances personnelles ». En réaction, la presse boycotte Roger Lemerre qui souligne qu'il n'a « pas le droit d'imposer quoi que ce soit à qui que ce soit ».

Thuram finit par se pointer pour déclarer qu'il n'a « rien à dire ». Il ajoutera quand même que les Bleus cherchent la tranquillité. « L'important est de rester concentré afin d'exploser demain à 18 heures, explique-t-il. C'est bien de débuter par une équipe agressive comme le Danemark. Si nous sommes un peu endormis, ça va nous réveiller. »

Dans la soirée, les Bleus travaillent sur la pelouse brugeoise juste après les Danois dont l'entraîneur Bo Johansson affirme : « Les Français sont évidemment très bons, mais il n'y a pas de raison de les craindre. Nous n'avons jamais craint personne. » Les Danois sont comme les Normands d'Astérix : ils ignorent la peur.

Du côté de Bruxelles, au stade Roi-Baudoin, la Belgique ouvre le 11ᵉ Euro de l'histoire par une victoire sur la Suède (2-1). Goor inscrit le premier but sur une action personnelle (43ᵉ). Après le repos, Émile M'Penza expédie un missile sous la barre (47ᵉ). Le sort de ce match médiocre est scellé, en dépit d'une énorme bévue du gardien De Wilde qui marche sur le ballon et offre un but à Mjällby (83ᵉ).

Dimanche 11 juin

ET UN, ET DEUX ET TROIS ZÉRO

Et voici les Bleus dans leur tunique de champion. A Bruges, devant 30 000 spectateurs, ils ont, comme d'habitude, un peu de mal à s'installer dans une partie qui leur tend les bras. Lemerre a titularisé Henry et Anelka devant Zidane et Djorkaeff. Les deux jeunots vont faire un malheur.

Mais il faut d'abord que Barthez sauve du pied devant Tomasson qui a déchiré le dernier rideau français (2ᵉ), puis qu'il repousse une frappe de Sand (12ᵉ). « On a fait n'importe quoi en début de match », reconnaîtra Laurent Blanc.

Entrée en fanfare pour les Bleus et Nicolas Anelka qui défie ici le gardien danois Peter Schmeichel.

Un fois la frayeur passée, place à la fantasia. Lancé par Zidane, Anelka dribble Schmeichel mais tire sur le filet extérieur (13e). Djorkaeff alerte Anelka, qui bute sur le gardien danois. Laurent Blanc a bien suivi. Il inscrit le premier but (16e), son seizième en bleu. Un débordement de Henry ponctué d'un tir un peu trop croisé (38e) confirme la mainmise française.

Un début de seconde période hésitant incite Lemerre à renforcer son milieu de terrain. Vieira remplace Djorkaeff (58e).

Anelka-Schmeichel, ou le début d'un premier but pour la France.

Blanc-Schmeichel, ou la fin d'un premier but pour la France.

Laurent Blanc ouvre la voie et la joie.

Agression caractérisée de Zidane et Henry sur un vétéran.

Après une tête à côté d'Anelka (63e), Henry propulsé par Zidane se lance dans une folle cavalcade de 50 mètres. Il fige Schmeichel sur place d'un intérieur croisé du droit (64e). « C'est le genre de but que j'aime bien mettre, racontera-t-il. Quand j'ai reçu la balle, je n'ai pas craché dessus. C'était pour aller au bout. »

Ce but formidable gomme le dernier suspense. Les Bleus sont bien les plus forts. Entré en jeu dix minutes plus tôt, Wiltord profite d'un débordement et d'un centre d'Henry pour corser l'addition durant les arrêts de jeu (92e).

La France a justifié son titre mondial et son statut de favori. Et pourtant, Schmeichel estime que les Danois ont joué « leur meilleur match de l'année ».

Zidane prend son vol. La défense danoise est écartelée et blackboulée.

France-Danemark introduit le show Henry. Le percutant attaquant d'Arsenal inscrit un formidable deuxième but.

Vieira, qui s'élève au-dessus de Schmeichel, a réalisé un somptueux Euro.

Henry-Wiltord, la ronde des buteurs.

Johansson parle d'une « équipe de France fantastique ».

« On a pu mesurer tous les progrès de l'équipe dans le domaine offensif », estime Zidane qui s'est régalé avec les deux flèches.

Si les Bleus de France ont impressionné, ceux d'Italie, comme souvent, sont passés par le chas de l'aiguille contre la Turquie. En début d'après-midi, Conte a ouvert le score d'un retourné acrobatique (52e). Okan a égalisé d'une tête piquée (61e). C'est un penalty contestable qui a permis à Inzaghi d'inscrire le but vainqueur (70e), puis de lancer : « Je reconnais que tous les arbitres n'auraient pas sifflé sur ce genre d'action. »

Dans la soirée, à Amsterdam, les Pays-Bas souffrent contre les Tchèques qui frappent sur le poteau (Nedved, 57e), puis sur la transversale (Koller, 64e). Une faute de Nemec sur Ronald de Boer et un penalty de Frank de Boer sauvent in extremis la maison d'Orange (89e).

« Nous avons eu de la chance. Nous avions des anges devant les poteaux », constate soulagé l'entraîneur hollandais Franck Rijkaard. Les Tchèques ont perdu leur défenseur Latal expulsé alors qu'il était sur le banc (91e). Ils parlent de « scandale » et n'ont plus le choix. Pour s'en sortir, ils devront battre la France.

Lundi 12 juin

DESAILLY ET LE TIP-TAP-TOP

Jour tranquille à Genval où les Bleus sont revenus avec leurs épouses dès la veille au soir. Ils déjeunent de thon et de saumon au restaurant gastronomique de l'hôtel, « *Le Trèfle à 4* ». Tandis que Lemerre, toujours fâché, se réfugie dans un silence radio, ses joueurs reviennent sur leurs débuts réussis. « Il faut jouer plus vite et arrêter de faire du tip-tap-top en remontant le ballon », dit Desailly. Zidane au contraire estime que « si la France arrive à jouer toujours aussi vite elle sera supérieure à tout le monde ». A chacun ses sensations, à chacun sa vision.

L'après-midi, le stade de Wavre fait le plein. Pour 160 francs, buffet-repas compris, les 1 000 spectateurs voient les remplaçants français mettre 9-0 à l'équipe locale – renforcée par Ramé, puis Lama – en deux fois 28 minutes et une fois 10 minutes. Trezeguet a marqué trois buts, Micoud deux buts. Le trio Djorkaeff-Wiltord-Vieira a joué avec Wavre les dix dernières minutes.

Ce jour-là, l'Allemagne tenante du titre entre en lice. Elle est tenue en échec par la Roumanie. Moldovan ouvre le score d'une reprise du droit au second poteau (5e). Scholl égalise d'un extérieur du gauche en lucarne (28e). Les Allemands ont été bougés. Le vétéran Matthaüs (39 ans) n'a pas rayonné. « Cela aurait pu être pire », constate le sélectionneur allemand Erich Ribbeck.

Le véritable premier coup de tonnerre de l'Euro éclate le soir même à Eindhoven où les Anglais basculent cul par-dessus tête contre le Portugal. Ils ont pourtant mené 2-0 grâce à Scholes (3e) et McManaman (18e) qui ont profité de centres de Beckham. Figo réduit le score d'une frappe en lucarne (22e), Joao Pinto égalise d'une tête plongeante (37e) et Nuno Gomes offre la victoire au Portugal en piquant le ballon au-dessus du gardien anglais Seaman (59e).

Contre l'Angleterre, Luis Figo relance le Portugal d'une frappe monumentale.

Même Kevin Keegan, l'entraîneur anglais, est admiratif : « Toute équipe qui s'impose après avoir été menée 2-0 mérite le respect. Le Portugal peut aller en finale s'il continue à jouer comme ça. »

Mardi 13 juin

LES BOOKMAKERS VOIENT BLEU

David Trezeguet n'est pas content. Sous le chaud soleil, il quitte la pelouse de Wavre en jurant et en jetant sa chasuble après avoir été touché au tibia par Petit. Sinon, tout va très bien pour les Bleus auxquels les bookmakers de Londres accordent toute confiance. Ils les désignent grands favoris à 3 contre 1.

Le soir venu, les Français ne ratent pas le coup d'envoi du groupe C. Ils savent qu'il leur offrira leur éventuel adversaire des quarts de finale.

« Rien ne nous fait peur », a affirmé l'entraîneur espagnol Camacho. Mais l'Espagne s'étale de tout son long contre la Norvège. Un long coup franc du gardien Myrhe, une sortie ratée de son homologue ibérique Molina et Iversen inscrit de la tête l'unique but du match (65e).

« C'est purement de la malchance, râle Camacho. Le destin n'a pas voulu que nous marquions. Que puis-je y faire ? » Molina n'a pas le moral : « Après le but j'ai voulu mourir », avoue-t-il piteusement. Son Euro est terminé.

Une heure après le début de leur match contre la Slovénie, les Yougoslaves ont également le moral dans les chaussettes. Non seulement ils sont menés 3-0 – tête croisée de Zahovic (23e), tête croisée de Pavlin (52e), frappe en force de Zahovic (57e) – mais ils perdent leur défenseur Mihajlovic (60e) expulsé pour avoir bousculé un Slovène. Mihajlovic venait d'offrir maladroitement le troisième but à Zahovic, ceci expliquant cela.

Quand tout semble définitivement

Face à Nowak et à la Slovénie, Stojkovic et la Yougoslavie ont passé de sales moments avant un retour d'enfer.

perdu, l'impossible se produit. En sept minutes la Yougoslavie égalise. Milosevic reprend à bout portant un centre de Djukic (67e), Drulovic frappe en force de 15 mètres (70e), puis offre à Milosevic, encore à bout portant, la balle du 3-3 (73e).

Doyen des entraîneurs de l'Euro, le Yougoslave Boskov (69 ans) ne cache pas sa surprise : « Parfois, dix joueurs s'entendent mieux que onze », dit-il. Une pierre dans le jardin de Mihaijlovic.

Mercredi 14 juin

L'ESPRIT DE REVANCHE

Zidane est péremptoire : « Il faut continuer avec Henry et Anelka, fait-il savoir. Notre meilleur atout pour battre les Tchèques sera la vitesse. » A Wavre, l'entraînement se déroule à huis clos. Trezeguet y participe.

Le match à venir aiguise l'esprit de revanche des Bleus. En 1996, en demi-finale, les Tchèques les ont éliminés de l'Euro anglais aux tirs au but (0-0, 6-5). Thuram, Blanc, Lizarazu, Desailly, Zidane et Djorkaeff étaient sur le terrain.

« C'est le plus mauvais souvenir de ma carrière », affirme Djorkaeff. « Je n'ai rien oublié de ce qui s'est passé en 1996, ajoute Blanc. L'heure de la revanche a sonné. »

L'attaquant tchèque Smicer n'est pas très optimiste : « Il nous faudrait un miracle pour nous qualifier », estime-t-il. Les Bleus font peur.

Beaucoup plus que les Diables rouges de Belgique qui s'inclinent sur leur sol face à l'Italie. Une tête plongeante de Totti (6e) et une frappe enroulée de Fiore (66e) creusent la différence. Les Belges ont lutté courageusement, mais deux classes séparent ces deux nations.

Jeudi 15 juin

UN PLAN ANTI-KOLLER

A Knokke, où les Bleus prennent leurs quartiers d'avant match, Roger Lemerre effectue son grand retour face à une presse qu'il accuse de tous les maux. Un discours connu et malvenu.

Puis il passe de colère à Koller. L'avant-centre tchèque culmine à 2,02 m. Ce géant est un véritable casse-tête : « Il est inaccessible, explique le sélectionneur français. Au niveau de mes arrières, je ne vois pas qui pourra le combattre dans les airs. On va s'inspirer du basket en se mettant devant et derrière lui. »

Les Bleus cherchent l'arme anti-Koller. « Il ne faut pas le laisser seul, pense Blanc. C'est une belle bête. A côté de lui, le Hollandais Stam, qui fait 1,90 m, avait l'air d'un bébé. »

Le soir, la Suède et la Turquie font match nul (0-0). L'un des rares matchs de l'Euro à oublier.

Vendredi 16 juin

L'INIMITABLE DJORKAEFF

Candela n'en revient pas. Il n'a même pas vu Lizarazu grimacer lors de l'échauffement sur la pelouse de Bruges. L'arrière basque a mal à une cuisse. Lemerre ne prend aucun risque. Candela couvrira le flanc gauche.

Avec trois récupérateurs – Deschamps, Petit, Vieira – Djorkaeff sur le banc et son duo de pointe Henry-Anelka, l'équipe de France, fidèle à sa mauvaise habitude, tâtonne un peu. Barthez repousse des deux poings un solide tir de Smicer (2e).

Blanc-Barthez, en souvenir du Mondial.

L'affaire s'annonce compliquée. Le défenseur tchèque Gabriel la simplifie en offrant le ballon à Henry, lequel file vers Srnicek qu'il trompe du bout du pied droit (7e). «J'ai poussé le ballon un peu trop loin, racontera-t-il, mais j'ai eu les jambes pour pouvoir le rattraper, mettre une pointe et marquer.»

Les Tchèques sont assommés. Lancé sur la gauche par Zidane, Henry déboule. Son tir croisé frôle le poteau (18e). La rencontre s'équilibre. Le face à face est somptueux. Petit perd un ballon au milieu du terrain. A l'arrivée de l'action, Deschamps commet une faute sur Nedved. Dans la surface de réparation estime, à tort, l'arbitre. Il siffle un penalty que Poborsky transforme (35e). Sur sa lancée, il expédie deux tirs qui rasent les poteaux (38e et 44e).

Henry a intercepté la passe de Gabriel. Il transforme l'offrande en pain béni. Le gardien tchèque Srnicek est battu.

Zidane se lance à l'assaut de la défense tchèque en planchette japonaise. Les Bleus n'ont peur de rien.

Il a fallu un grand Blanc pour juguler les 2,02m du Tchèque Koller.

A la reprise, avec Djorkaeff à la place de Petit touché au genou, les Bleus ne sont toujours pas à la fête. Barthez intervient remarquablement en détournant un tir de Nedved qui se présentait seul devant lui (48e). Il vient de sauver les Bleus qui vont maintenant faire parler le talent et l'expérience.

Djorkaeff lance Henry sur la gauche. Un débordement, un dribble aérien sur Repka, un centre retrait au second poteau que Djorkaeff reprend sans contrôle et voilà la France relancée (60e). La barre transversale protège Barthez sur une tête de Koller (71e). La messe est dite.

La France est quasiment qualifiée pour les quarts de finale. Elle l'est définitivement dans la soirée après la nette victoire (3-0) des Pays-Bas sur le Danemark (Kluivert, 57e, Ronald de Boer, 66e, Zenden, 77e).

« L'objectif est atteint, se réjouit Lemerre, même si nous avons frisé la correctionnelle. Zidane s'est senti obligé d'appuyer les attaquants et de ne pas être à la construction. C'est gênant. »

Zidane n'a pas été époustouflant, mais Djorkaeff a rempli à plein son rôle de sauveur : « Quand je vois le ballon rebondir, je sais qu'il est pour moi, dit-il. En un centième de seconde je sais donc ce que je vais faire. Sur le banc, je sentais que l'odeur du but était là sur la pelouse. Je rentre, je suis en confiance, je marque, c'est tout. »

Et c'est immense. Laurent Blanc synthétise les débats à sa façon : « Nous avons su répondre à leur combat physique, nous avons lâché le Youri, il a mis son petit but et nous n'avons plus eu qu'à faire tourner le ballon. »

Les Bleus sont en tête de leur groupe. Ils se rendront l'esprit léger à Amsterdam pour affronter la Hollande dans un match sans véritable enjeu.

Youri Djorkaeff est éternel. C'est lui qui sauve les Bleus contre les Tchèques.

Samedi 17 juin

IL FAUT RÉ-CU-PÉ-RER

Une bonne grasse matinée à l'hôtel du Lac de Genval, un déjeuner en famille et un décrassage sur le coup de 18 heures. Les Bleus récupèrent. Lemerre a eu la douleur de perdre son père la nuit précédente.

Au retour d'un voyage éclair en Normandie, il annule le petit match que les remplaçants devaient disputer contre Wavre. L'heure est à la récupération et à la préparation de Pays-Bas-France. « Quand un sélectionneur affirme qu'il a vingt-deux joueurs d'égale valeur, insiste le sélectionneur, il se doit de mettre en accord ses convictions avec ses actes. »

Le responsable des Bleus est un homme de conviction. Il précise toutefois : « Ce n'est pas le genre de la maison de faire l'impasse sur un match. » Il dit aussi que « Djorkaeff est incroyable et Henry exceptionnel ». « Je ne me suis jamais

L'omniprésent milieu tchèque Nedved donne du fil à retordre à Anelka.

Da Costa de Monaco, Costinha du Portugal, tombeur de la Roumanie d'un solide coup de tête dans les arrêts de jeu.

Entre l'Allemand Jancker et l'Anglais Campbell, un duel de seconds couteaux.

senti aussi bien », reconnaît l'attaquant d'Arsenal.

Les nouvelles de Petit et Lizarazu sont rassurantes. Plus de peur que de mal, semble-t-il, pour les deux piliers.

Ce jour-là, en attendant un Allemagne-Angleterre de tous les dangers, le Portugal franchit les portes du premier tour. La Roumanie pense tenir le point du match nul quand le Monégasque Da Costa, qui évolue en équipe nationale sous le nom de Costinha, reprend victorieusement de la tête un coup franc de Figo. On joue depuis 95 minutes et il est rentré en jeu 8 minutes plus tôt. « C'est le but le plus important de ma carrière », se réjouit-il.

A Charleroi, le match du jour se déroule d'abord dans les rues de la ville où les hooligans mettent la police sur les dents. Près de 500 pseudo-supporters anglais sont interpellés après des échauffourées et 400 d'entre eux sont expulsés.

L'Angleterre n'a plus battu l'Allemagne en match officiel depuis la finale du Mondial 1966. Son avant-centre Shearer n'a plus marqué depuis sept matchs. C'est lui qui inscrit l'unique but d'une pâle rencontre en reprenant de la tête un long coup franc de Beckham (52ᵉ).

Ribbeck, l'entraîneur allemand, parle d'une « défaite qui fait mal ». Keegan, l'entraîneur anglais, parle d'un « match qui restera dans les annales ». L'un des deux grands au moins restera forcément sur le carreau.

Dimanche 18 juin

« ILS VEULENT TOUS JOUER. »

A Wavre, le public répond toujours omniprésent à l'appel des Bleus. Pour 70 francs deux boissons comprises, canicule oblige, on se presse pour les voir s'entraîner. Anelka, Trezeguet et Lizarazu sont aux soins.

La perspective d'affronter la Hollande aiguise les appétits : « Ils veulent tous jouer » titre *L'Équipe*. Djorkaeff est euphorique : « Je sais que c'est mon année, mon Euro, dit-il. Mes sensations sont au top. »

« Ce sont les Pays-Bas, une rencontre de prestige. Qui ne voudrait pas y être ? » Zidane résume le sentiment général. Lemerre fait simplement savoir à Téléfoot que « Barthez jouera ». « Plus je joue, mieux je me porte », explique le divin chauve.

Les Bleus ont faim, les Bleus vont bien. Mais ils ne distinguent toujours pas clairement le visage du quart-de-finaliste qui leur fera face. A Amsterdam, l'Espagne bat difficilement la Slovénie (2-1). Raul ouvre le score d'un superbe tir du gauche en lucarne (4ᵉ). Zahovic égalise d'une frappe à moitié ratée du pied gauche (59ᵉ). Les Espagnols n'ont pas le temps de gamberger. Un long raid de Mendieta et Etxebarria inscrit le but de la victoire d'une frappe en force décroisée (60ᵉ).

Beckham et l'Angleterre viennent à bout de Ziege et de l'Allemagne.

L'Espagnol Raul en pleine corrida entre les Slovènes Pavlin et Milanic.

A Liège, contre la Norvège, la Yougoslavie marque d'entrée par Milosevic qui dévie du talon un coup franc de Drulovic (8e). Les Yougoslaves impressionnent durant une heure puis reculent, accumulant alors gains de temps, brutalités et simulations. A peine rentré (87e), Kezman est expulsé (88e). Seul face au gardien Kralj, l'immense Carew rate l'égalisation (90e).

L'entraîneur norvégien Semb a la dent dure : « La manière des Yougoslaves en seconde mi-temps équivaut à du sabotage. »

Dans ce groupe C, tout se jouera sur le fil du rasoir.

Le gardien belge Dewilde à la dérive. Le Turc Hakan Sukur ouvre le score.

Lundi 19 juin

CANICULE ET CALCULS

Canicule sur l'Euro. A Wavre, l'entraînement des Bleus est repoussé à 19 heures. Anelka est ménagé. Il souffre d'un genou. Petit et Lizarazu travaillent normalement. L'affrontement à venir contre les Pays-Bas est dans toutes les têtes. Finir premier ou deuxième du groupe D, telle est la question.

Une deuxième place permettrait aux Français de demeurer à Wavre. « On est super bien ici, explique Zidane. On a nos marques. Il faut évidemment gagner. Mais si nous perdons nous aurons au moins la satisfaction de disputer notre quart de finale à Bruges. »

L'heure est aux calculs. « Si nous terminons premiers nous pouvons nous mettre en danger », affirme Desailly.

Le défenseur hollandais Arthur Numan leur répond : « C'est clair et net, nous voulons rester en Hollande pour la suite de la compétition. » Rijkaard alignera sa meilleure équipe.

Ce lundi-là, tandis que l'Union européenne menace l'Angleterre d'exclusion si ses supporters les plus violents ne se calment pas, un couperet tombe et tranche la tête de la Belgique.

Contre la Turquie, elle paye très cher sa faiblesse en général et celle de son gardien en particulier. Hakan Sükur ouvre le score de la tête en chipant un ballon qui s'offrait à De Wilde (45e). « C'est un but invraisemblable; personne n'a de parade contre ça », soupirera l'entraîneur Robert Waseige. Hakan Sükur exécute les Belges d'une reprise sans contrôle au second poteau en pleine lucarne (70e). Et De Wilde est expulsé pour une faute commise hors de sa surface de réparation (85e).

Dans le même temps, l'Italie bat la Suède grâce à une tête de Di Biagio (39e), puis un tir fracassant de Del Piero en pleine lucarne (88e) qui annule l'égalisation de Larsson (77e). La Turquie est qualifiée. « En soixante-dix-sept ans d'histoire, c'est notre plus beau succès », se réjouit l'entraîneur Denizli. Jamais les Turcs n'avaient atteint un tel niveau.

Mardi 20 juin

LES REMPLAÇANTS AU PARLOIR

Les Bleus arrivent dans la matinée à Amsterdam où la chaleur est éprouvante. Ils s'installent au *Holiday Inn* de Ljmuiden avec vue garantie sur les fumées industrielles qui envahissent cette étrange station balnéaire.

Dans la soirée, sous les ordres de Roger Lemerre, qui le matin même, a assisté en Normandie aux obsèques de son père, ils reconnaissent la pelouse du stade ArenA. Anelka et Petit ne font que de la présence.

Et Dugarry enfonce un clou qui a besoin de l'être : « Pour finir deuxième, il faut perdre. Or il est impossible de prendre des buts volontairement. Le destin veut peut-être que nous soyons premiers. Nous avons une invincibilité à préserver. »

Il est désormais évident que Lemerre préservera ses titulaires. Même Barthez fera banquette. Le sélectionneur expliquera plus tard qu'un gardien est toujours à la merci d'un carton rouge.

Dans la soirée, le groupe B se dénoue de la plus inattendue des façons. L'Angleterre et l'Allemagne sont priées de rentrer à la maison. Face au Portugal pourtant déjà qualifié, l'Allemagne étale une nouvelle fois ses lacunes. L'attaquant de la Lazio Sergio Conceiçao marque les trois buts du match. Une tête à bout portant (34e), une frappe de 20 mètres qui échappe au gardien Kahn (54e) et un tir croisé (71e) ponctuent son jour de gloire. « Nous avons été humiliés », reconnaît Ribbeck qui démissionnera le lendemain de son poste de sélectionneur.

« Ne nous enflammons pas », tempère le Portugais Humberto, comme pour rappeler la terrible défaillance de deux grands noms de l'histoire du jeu.

Le Portugais Conceiçao torture le gardien allemand Kahn en marquant trois buts.

Des Portugais plein les filets allemands. Le danger lusitanien se précise.

Owen et l'Angleterre au tapis. Les Roumains sont passés par là.

Car l'Angleterre passe aussi à la trappe. Elle a pourtant eu tous les atouts en main contre la Roumanie. Le Roumain Chivu a ouvert le score d'un centre tir (23e). Shearer a égalisé sur penalty (41e) et Owen a donné l'avantage aux siens en filant à la limite du hors jeu dribbler Stelea le gardien roumain (45e). Une reprise de volée de Munteanu (48e) recrée l'égalité. L'Angleterre est toujours qualifiée. Elle sombre sur le tard quand Phil Neville concède un penalty que Ganca transforme (88e).

« Nous n'avons aucune excuse, proclame Keegan. Durant nos trois matchs nous avons couru derrière le ballon durant une heure. C'est insuffisant pour gagner à ce niveau. »

Dans une incroyable fin de match, Alfonso inscrit le but de la victoire contre la Yougoslavie. L'Espagne va de l'avant.

Mercredi 21 juin

UNE DÉFAITE POUR RIRE

Les Bleus sont déjà arrivés à l'ArenA quand le groupe C s'achève d'une incroyable façon. Au début des arrêts de jeu de Yougoslavie-Espagne, les hommes de Camacho sont éliminés. Ils sont alors menés 3-2. Milosevic a ouvert le bal d'une tête piquée (30e). Alfonso a égalisé d'une frappe du gauche de 10 mètres (38e). Govedarica a rendu l'avantage à la Roumanie d'un tir sous la transversale (50e). Munitis a immédiatement égalisé d'une frappe énorme en lucarne (51e). Jokanovic a été ensuite expulsé (63e). Ce sont pourtant les Yougoslaves qui ont repris l'avantage sur une volée aux 6 mètres de Komljenovic (75e).

Formidable hurlement de joie. Alfonso et l'Espagne lancent un défi aux Bleus.

A cet instant, à Arnhem, la Norvège et la Slovénie sont à égalité (0-0). Le score n'évoluera pas. Au coup de sifflet final, les Norvégiens lèvent les bras. Ils se croient qualifiés. La foudre s'abat sur eux quand ils apprennent que non seulement les Espagnols ont égalisé sur un penalty de Mendieta (91e), mais qu'ils ont aussi arraché la victoire sur une ultime frappe d'Alfonso au ras du poteau (97e). « Si je n'avais pas été écrasé par mes camarades, je serais encore en train de courir », dira le buteur après la rencontre.

L'Espagne et la Yougoslavie sont en quart de finale. Guardiola philosophe : « La différence entre l'enfer et le paradis tient parfois en une minute de jeu. »

Quiconque marquera à la 97e minute périra étouffé par ses camarades. L'Espagnol Alfonso subit la délicieuse sanction.

Lebœuf est un peu court. Kluivert ouvre le score pour les Pays-Bas.

Reste à savoir qui affrontera qui. Tandis que pour l'honneur la République tchèque bat le Danemark (deux buts coup sur coup de Smicer, 63e et 67e), les Bleus frais du jour entrent bille en tête dans la rencontre face à une formation hollandaise au grand complet. Lama sauve de la cuisse sur une tête de Cocu (5e). Dugarry ouvre le score d'une reprise de la tête au premier poteau sur un corner de Micoud (8e). Kluivert égalise en filant à la limite du hors-jeu tromper Lama d'un tir croisé (14e). Il s'agit du 1 000e but encaissé par la France depuis son premier match en 1904.

Une volée de Bergkamp touche le sol avant de frapper la transversale (23e). Micoud tente un lob de 50 mètres. Le gardien Westerveld détourne en corner. Micoud le tire. Westerveld renvoie sur Wiltord qui reprend instantanément. A l'affût aux 6 mètres, Trezeguet détourne le ballon dans le but (30e).

Trezeguet est toujours là où il faut, quand il le faut. Contre les Pays-Bas, il donne l'avantage à l'équipe de France.

La France bis est éblouissante. Notamment Dugarry, qui a l'occasion de réussir le break quand il se présente seul devant Westerveld qui le contre (48e). « J'aurais dû piquer mon ballon, je m'en veux », dira le Bordelais. Il s'en veut d'autant plus que Frank de Boer égalise sur un coup franc de 25 mètres rapidement joué (51e) et effleuré seulement par Lama.

Puis Lebœuf est lobé par un long dégagement de Westerveld. Zenden récupère le ballon et va marquer du droit le but de la victoire batave (60e). Desailly pique une grosse colère qui se prolongera dans le vestiaire. L'apport de Djorkaeff et d'Anelka n'y changera rien. C'est la deuxième défaite des Bleus (après le France-Russie de juin 1999) depuis leur victoire en Coupe du monde en 1998.

Ils n'y attachent guère d'importance. « Mes joueurs ont rempli leur contrat, affirme Lemerre. Si nous pouvons retrouver les Pays-Bas en finale, ce sera très bien. » « Ça m'a énervé de voir une ambiance aussi bon enfant après une défaite », dit pourtant Vieira.

La France affrontera donc l'Espagne à Bruges, sur son terrain fétiche. Elle n'y voit que des avantages. « On est meilleur que les Espagnols dans tous les domaines », soutient Lebœuf.

« L'Espagne a gagné deux fois en souffrant physiquement, explique Djorkaeff. C'est tout bon pour nous. » « La défense des Espagnols n'est pas très bonne », souligne le Madrilène Karembeu en connaisseur.

C'est évident, les Bleus arrivent déjà à l'étape suivante.

Dugarry joue à saute-mouton avec Trezeguet. Les Bleus bis ont de l'allure.

Jeudi 22 juin

CAP SUR L'ESPAGNE

Sous le soleil de Ljmuiden, les Français passent une journée en famille. Les titulaires de la veille vont au décrassage en fin de matinée. Petit les accompagne. Il se contente d'un léger footing. Sa contracture le tracasse. « Je déciderai demain si je joue dimanche », affirme-t-il. Les autres ont droit à un véritable entraînement d'une heure et demie. Toutes les conversations tournent autour du quart de finale.

« Là où la France assume son rôle de favori, l'Espagne alterne le bon et le moins bon », souligne Pires. « Je suis certain que nous allons nous qualifier », déclare Trezeguet. Lemerre est plus prudent : « Comme toujours contre l'Espagne, ce sera un match âpre et disputé, mais c'est dans les possibilités de la France. »

Alfonso, le buteur du miracle, est on ne peut plus limpide : « Ce n'est pas maintenant après ce que nous venons de vivre que nous allons nous relâcher. »

Vendredi 23 juin

BON ANNIVERSAIRE ZIZOU

En trois heures d'autocar les Bleus transitent de Ljmuiden, Pays-Bas, à Knokke, Belgique, où ils s'installent à l'hôtel *La Réserve*. Pourtant, cette fois-ci, c'est bien ses titulaires que Lemerre va aligner. Si Petit participe à l'entraînement, il demeure incertain. Lemerre cogite déjà et envisage toutes les solutions pour la composition de son milieu de terrain et de son attaque.

Mais autant que les hommes et la tactique à venir, la condition physique est au cœur des discussions. Les Français ont presque tous fait l'impasse sur la troisième rencontre du groupe. « Toute l'année, on s'est préparés pour jouer tous les trois jours, alors un jour de repos en plus ou en moins ça ne compte pas », estime le défenseur espagnol Paco.

Lizarazu croit au contraire que « les Espagnols sont marqués physiquement par leur parcours. Surtout ceux du Real et de Valence qui, auparavant, sont allés en finale de la Ligue des champions ».

En ce 23 juin, si les Bleus ne savent pas ce qui les attend, ils sont déjà à la fête et plutôt deux fois qu'une. Au terme du dîner, Zidane souffle 28 bougies. C'est un peu plus facile pour Vieira qui n'en a que 23 sur son gâteau.

Nuno Gomes marque, emportant le ballon et le gardien turc Rustu avec.

Nuno Gomes-Luis Figo, tandem de feu d'une séduisante équipe du Portugal.

Samedi 24 juin

PETIT JETTE L'ÉPONGE

Roger Lemerre annonce le forfait d'Emmanuel Petit. Le milieu d'Arsenal souffre toujours d'un genou. Il ratera un France-Espagne qui conserve tous ses mystères, même celui du onze de départ. Djorkaeff et Dugarry tiennent la corde.

« S'il y a Zidane avec nous, il y a Raul en face, rappelle Lemerre. Les Espagnols sont des artistes qui possèdent la même culture du jeu que les Français. »

Camacho se délecte de l'affrontement à venir : « J'adore les grands matchs, dit-il. Avec la France je vais être servi. Elle n'a besoin que d'une occasion pour marquer alors qu'il nous en faut quatre ou cinq. »

La France alignera sa ligne défensive type : Thuram, Blanc, Desailly, Lizarazu. Depuis 1996, les quatre hommes ont été associés 23 fois sous le maillot bleu. Ensemble, ils n'ont jamais perdu.

En fin d'après-midi, à Amsterdam, les Turcs subissent la loi de Portugais créatifs. L'expulsion d'Alpay, née d'un coup de poing à Fernando Couto (29e), ne leur facilite pas la tâche.

Figo ouvre la première brèche. Son centre est repris d'une tête plongeante par Nuno Gomes (44e). Dans les arrêts de jeu de la première période, Arif obtient et tire lui-même un penalty. Vitor Baia repousse.

La seconde période est un monologue portugais. Le jeune avant-centre de Benfica, Nuno Gomes, n'avait jamais marqué en sélection avant l'Euro. Il double la mise à bout portant en profitant d'un superbe débordement et d'un centre de Figo (56e).

« On aurait pu l'emporter 5 ou 6-0 », affirme Da Costa. « Nous avons l'équipe pour gagner l'Euro », estime Figo.

Le soir, à Bruxelles, l'Italie n'éprouve aucune difficulté à se défaire de la Roumanie. Pour Hagi au crâne rasé, cette 125e et dernière sélection ne sera pas la plus joyeuse. Quand il est expulsé (59e) après deux cartons jaunes – un coup sur la che-

Contre la Roumanie, Totti ouvre la route à l'Italie.

Le poteau de Toldo refusera l'égalisation au Roumain Hagi.

ville de Conte (Euro terminé pour l'Italien), puis une simulation de faute – le match est déjà plié. Totti a ouvert le score d'une frappe en force aux 6 mètres (33e). Hagi rate d'un souffle l'égalisation en expédiant un lob sur le poteau de Toldo (34e). Lancé par Albertini, Inzaghi exécute Stelea (44e).

L'entraîneur roumain Jenei est lucide : « L'Italie était meilleure », dit-il. « Mes joueurs ont fait taire peu à peu les critiques », souligne Dino Zoff.

Inzaghi et les Italiens ont du souffle. La Hollande les attend.

Contre l'Italie, une triste fin de carrière pour Georghe Hagi.

En quart de finale contre la Yougoslavie, le Hollandais Patrick Kluivert est euphorique. Il inscrit trois buts.

Les Yougoslaves sont complètement dépassés. Et Kluivert en profite.

Dimanche 25 juin

LA MORSURE DU « SNAKE »

Ce jour-là, tout commence à Rotterdam où Kluivert et les Pays-Bas explosent la Yougoslavie (6-1). Une fois passée l'angoisse d'une énorme occasion gâchée par Mijatovic (15e), le rouleau compresseur orange se met en marche. Bergkamp est un animateur hors pair. Il sert royalement Kluivert qui devance Mihaijlovic (24e).

Le récital commence. Sur une longue ouverture de Davids, Kluivert creuse l'écart (38e). Sur un centre en retrait de Bosvelt, Govedarica, pressé par Kluivert, marque contre son camp (51e). Un centre en retrait de Zenden est encore repris par Kluivert de l'intérieur du droit (54e). Place à Overmars. Sa volée du droit (78e) puis sa reprise du gauche, après un tir de Cocu sur le poteau (90e), transforment le succès en triomphe malgré le but tardif de Milosevic (91e).

Gloire à l'auteur du 7e triplé de l'histoire des phases finales européennes. Le Hollandais Kluivert entre dans la légende.

Jamais une équipe n'avait marqué six buts en phase finale de l'Euro. Kluivert réalise le septième triplé de cette compétition depuis la création de l'épreuve en 1960. « C'est l'un des plus beaux jours de ma vie », déclare-t-il.

Dans la soirée, Bruges est en ébullition pour la leçon de latin entre Français et Espagnols. Djorkaeff, flanc gauche, et Dugarry, flanc droit, sont sur la pelouse au coup d'envoi de l'Italien Collina. Lemerre parie sur l'expérience.

Vieira tire la première salve. Son coup de tête passe au-dessus (3e). Celui de Dugarry également (16e). Au passage, l'attaquant français se fracture le nez. Il tiendra sa place jusqu'au bout avec courage et talent.

Petite cause, grands effets. L'Espagnol Aranzabal crochète Youri Djorkaeff. Le premier but français n'est pas très loin.

Les Espagnols ne s'en laissent pas conter. Paco oblige Barthez à sortir le ballon de sa lucarne (19e). Raul tente un lob lointain que Barthez détourne en corner (21e).

L'affrontement est passionnant. Les Bleus ne crânent pas. Djorkaeff les soulage. Il se lance dans un raid latéral auquel Aranzabal met fin illégalement. « Je longeais la surface en cherchant Titi (Henry) et je ne le trouvais pas. Alors, j'ai essayé de provoquer la faute. Ensuite, j'ai simplement dit à Zizou de la mettre au fond », racontera-t-il.

Le coup franc de Zidane – son premier en bleu – est un joyau qui perfore la lucarne de Canizares (33e). Sans avoir dominé, la France a pris les devants. Pour peu de temps. Depuis le début du match, le petit Munitis torture Thuram qui commet la faute de trop. Mendieta transforme le penalty et égalise (38e).

Un coup franc « à la Platini » de Zidane, et les Bleus mènent devant l'Espagne.

La muraille française érigée par Laurent Blanc et Didier Deschamps est infranchissable pour l'Espagnol Mendieta.

Voici venue l'heure du « Snake ». Le serpent à la morsure mortelle. L'impérial Vieira transperce dans l'axe avant de servir Djorkaeff sur la droite. La frappe décroisée du droit en lucarne est un modèle du genre (44ᵉ). « Le plus important, expliquera celui qui vient d'inscrire son 26ᵉ but en bleu, c'est le contrôle. Je le fais sans freiner ma course et, dans ces cas-là, je suis fort. »

La victoire n'est pas encore acquise. Barthez sauve dans les pieds d'Alfonso (47ᵉ). Des centres de Guardiola mettent le feu dans les 6 mètres bleus. D'habitude impi-

Djorkaeff dans ses œuvres. L'Espagnol Helguera a le tournis.

Nez de coton et pied de velours : l'artiste Dugarry contre l'Espagne.

Collina-Barthez : chauve qui peut !

toyable, M. Collina est étrangement libéral. Salgado, qui retient Lizarazu par le maillot (67e), et Paco, qui ceinture Henry lancé vers Canizares dans une longue cavalcade (71e), échappent de peu au carton rouge.

La fin est haletante. Canizares détourne en voltige un coup franc de Djorkaeff (82e). Barthez et Thuram se compliquent la vie. Abelardo s'effondre sans avoir été touché. M. Collina indique de nouveau le point de penalty (89e).

Raul s'approche. Djorkaeff raconte : « On a eu un sentiment d'injustice et de révolte. Alors, j'ai frôlé Raul, je l'ai regardé, je l'ai "vaudouisé". » Le serpent envoûte la star espagnole. Raul tire au-dessus. La France est en demi-finale d'un Euro pour la quatrième fois de son histoire.

« Nous sommes allés au bout de nous-mêmes », explique Dugarry. Son pote Zidane jubile : « J'arrive à maturité. Je suis au sommet de mon art. » Les Portugais sont prévenus.

Lundi 26 juin

L'ÉTONNEMENT DE VIEIRA

Zizou est fatigué. Il est allé au décrassage avant tout le monde, à Knokke, puis a pris la direction de Genval en voiture. Ses camarades l'ont rejoint en car dans la soirée après s'être entraînés à leur tour.

Emmanuel Petit est en paix avec son genou. Pour composer l'équipe qui affrontera le Portugal, Lemerre aura le choix. Vieira semble devenu incontournable : « Ce qui m'étonne le plus dans cette équipe, dit-il, c'est la recherche du plaisir et l'envie de toujours gagner. »

Le jour où le pied de Raul a paniqué. L'attaquant espagnol tire au-dessus le penalty de la dernière chance. La France passe.

Djorkaeff le sauveur doit raconter encore et toujours son but de la veille aux médias : « L'instinct du buteur part du contrôle. Après, peu importe que je mette le ballon à droite ou à gauche. En frappant je n'en savais rien. Je savais juste qu'il irait au fond. »

Entre passé et avenir les Bleus balancent encore. Si le souvenir de l'Espagne est vif, le Portugal est déjà dans toutes les pensées. « Deux matchs très durs aussi rapprochés, ce n'est jamais bon », estime Zidane. Djorkaeff est méfiant : « Cette rencontre m'inspire beaucoup d'inquiétude. Le Portugal est arrivé à cet Euro avec de vraies ambitions. »

Raul regagne le vestiaire la tête basse. Et l'Espagne quitte l'Euro.

Mardi 27 juin

QUAND LEMERRE S'INQUIETE

La légendaire et fabuleuse demi-finale de l'Euro 1984 entre la France et le Portugal (3-2) emplit de nouveau les colonnes. Le 23 juin, à Marseille, au bout d'un suspense haletant, Michel Platini avait inscrit le but victorieux à la 119e minute. Ce soir-là, le petit Zinedine Zidane fêtait ses 12 ans. En guise de cadeau, ses parents lui avaient offert une place au Stade Vélodrome.

Demain, ce sera à lui de jouer. Sa confiance se teinte de prudence : « Nous sommes en constante progression. Il le faut, car ça va devenir de plus en plus difficile. » Lemerre est plus réservé : « L'actuelle génération portugaise est exceptionnelle, dit-il. Je suis très inquiet. Le Portugal est favori. »

Le meneur de jeu lusitanien, Luis Figo,

est l'objet de toutes les attentions : « Il est très, très fort, affirme Djorkaeff. Techniquement, il est capable de tout. » La star portugaise répond : « Les louanges, c'est après la finale que je veux les entendre. »

Dans *L'Équipe*, l'astrologue amateur et humoriste Raymond Domenech, entraîneur de l'équipe de France espoir, prédit : « Ça va faire 2-1 pour la France avec un but de Wiltord comme une étoile filante dans la nuit. »

A 19 heures, les Bleus sont au stade Roi-Baudoin pour un ultime entraînement à huis clos. Des espions constatent que, dans le petit match disputé à 11 contre 11, l'équipe des « titulaires » évolue avec Petit, Vieira, Deschamps, Zidane, Henry et Wiltord.

Le soir, à Genval, on ressort les bougies pour Fabien Barthez qui fête ses 29 ans.

Nuno Gomes fait trembler la France.

Mercredi 28 juin

UN PENALTY EN OR MASSIF

Surprise au coup d'envoi : Anelka est titulaire. Le Madrilène épaule Henry en attaque. Le stade Roi-Baudoin de Bruxelles est plein pour ce remake de l'Euro 1984. Histoire de fêter sa 100e sélection, une grande première pour un joueur français, mais bien loin du record mondial de l'Allemand Matthaüs (150 sélections), le capitaine des Bleus expédie le premier tir cadré. Dans les bras de Vitor Baia (13e).

Le premier tir des Portugais est un coup de canon. Sergio Conceiçao devance Deschamps dans l'axe et sert Nuno Gomes, qui se retourne et frappe sans contrôle du gauche de 20 mètres. La flèche rectiligne se fiche au ras du poteau de Barthez (19e).

Les Bleus sont menés et empêtrés dans un jeu approximatif. Les enchaînements se font mal, les relances sont imprécises, les lignes trop espacées, les duels trop souvent perdus. Un tir d'Anelka sur Vitor Baia (29e), une volée de Vieira au-dessus (44e) et une frappe de Zidane de peu à côté (45e) trouent à peine la morosité ambiante.

« J'ai dû recadrer Henry et Anelka à la mi-temps en leur demandant de s'écarter plus », dira Lemerre après coup.

Thuram peut donc servir Anelka sur le flanc droit à la limite du hors-jeu. Le centre en retrait est excellent. La reprise croisée en pivot de Henry est remarquable. Elle passe entre les jambes de Fernando Couto et trompe Vitor Baia (51e).

Les Bleus sont revenus dans une partie qu'ils dominent sans toutefois se créer d'occasions nettes. Les Portugais sont habiles et pugnaces. Seul Petit parvient à inquiéter Vitor Baia d'une reprise du gauche de 20 mètres, que le gardien portugais dévie à grand-peine (77e).

Barthez est souvent spectateur. Il a de l'énergie à revendre quand, à l'ultime minute, Abel Xavier reprend de la tête un coup franc de Figo. Le gardien français se détend et détourne en corner (90e).

Comme en 1984, tout se joue en prolongation. Le « but en or » change les don-

Sans les mains, le défenseur portugais Costa n'arrête pas Petit.

Le Portugais Abel Xavier est bien placé pour admirer l'égalisation de Thierry Henry. Les Bleus sont relancés.

Il est déjà beaucoup trop tard pour le gardien portugais Vitor Baia. Le tir de Thierry Henry fait mouche.

M.Benkö dans les Portugais chauds.

Zidane est resté calme. Il ne peut pas laisser passer l'occasion. Son penalty en or envoie les Bleus en finale.

nées du jeu. Chaque danger est une énorme émotion. Zidane met une tête à côté (91e), une échappée de Henry est stoppée in extremis (96e). Sur le corner, Blanc met une tête au-dessus. Un tir de Joao Pinto frôle le poteau de Barthez (110e). Trezeguet et Wiltord sont entrés en jeu. Le premier perce et tire. Vitor Baia repousse. Wiltord reprend dans un angle fermé. Abel Xavier dévie ce ballon qui allait entrer dans les filets (114e).

L'arbitre autrichien Günter Benkö indique le point de corner. Trezeguet et Wiltord hurlent et signalent une main. Le juge de ligne slovaque, Igor Stramka, « bipe » son collègue du centre qui vient le consulter. M. Stramka confirme : le défenseur portugais a eu un geste intentionnel de la main pour détourner le ballon. Le penalty est indiscutable.

Mais qu'il est dur à accepter pour les Portugais qui se rebellent, protestent, crient à l'injustice. Il faut attendre cinq minutes pour que Zidane puisse enfin tirer et expédier la France en finale comme en 1984, comme en 1998.

« Ce n'était pas évident de se concentrer, racontera Zizou. J'ai fait le vide. Je n'ai pas tremblé. Je savais dès le début comment j'allais tirer. J'y vais. Je marque. » L'explosion de joie est à la hauteur de l'angoisse vécue par les Bleus.

« On a fini sur les rotules, on est tous morts », confesse Petit. Desailly est au septième ciel : « On a essayé encore et encore jusqu'à ce que ça passe. Cette finale, c'est merveilleux. Les gens attendaient ça. » Barthez donne une explication à l'éternelle réussite de cette équipe : « Nous avons peur depuis le début de la compétition. C'est notre force. »

Côté portugais, c'est à qui se plaindra le plus. « On est victime d'un hold-up. C'est scandaleux », hurle Abel Xavier. Figo concède que « la France a fait un match magnifique », mais il « ne supporte pas de perdre sur une subtilité d'arbitrage ».

« Maintenant, nous préférons tous l'Italie », dit encore Desailly avant de remonter dans l'autocar qui ramène les Bleus à Genval, où l'hôtel du Lac est pavoisé en bleu-blanc-rouge.

Jeudi 29 juin

MIRACLE A L'ITALIENNE

La vie est belle et douce pour les Bleus. Lemerre a annulé l'entraînement. Après une analyse vidéo du match de la veille,

Le Hollandais Frank de Boer manque son premier penalty. Ce jour-là, le gardien italien Toldo était en état de grâce.

chacun profite à sa façon du quartier libre. Zidane joue au tennis. Micoud et Candela panachent tennis et tennis-ballon. Henry et Anelka se lancent dans une folle course en VTT autour du lac, qui manque de se finir dans une voiture. D'autres ont choisi le ping-pong ou la télé.

Barthez sait qu'un jour « tout va s'arrêter. Avant, dit-il, on veut tout connaître, tout partager ».

Seul Djorkaeff est un peu chafouin. Il digère mal son éviction : « On ne m'a rien dit, je n'ai rien compris. Mais ce qui compte, c'est la qualification, ajoute-t-il. Je vais jouer la finale, j'en suis sûr. Je vais jouer, je vais marquer et on va gagner. »

Contre qui ? Pour le savoir, les Bleus s'installent devant la télé. Ils voient les Italiens dresser une véritable digue face à la marée orange. Bergkamp tire sur le poteau (18e). Zambrotta et Iuliano se font avertir. Sur son aile gauche, Zenden est intenable. Zambrotta le foudroie sur place. L'arbitre voit rouge (34e). L'Italie est réduite à dix. Elle semble d'autant plus condamnée que Nesta tire Kluivert par le maillot et concède un penalty. Toldo détourne le tir de Frank de Boer (38e). Une folle histoire commence.

Le ballon est sans cesse hollandais. A l'heure de jeu, Iuliano cisaille Davids à la limite de la surface. M. Merk, l'arbitre allemand, siffle un second penalty. Kluivert tire sur le poteau (62e). La maladresse des Hollandais est aussi hallucinante que la chance des Italiens. Ceux-ci ne pensent qu'à défendre et manquent de réussir le coup parfait quand Del Vecchio file seul au but dans les arrêts de jeu. Il frappe sur Van der Sar (93e).

Place à la prolongation. Perclus de crampes, à l'image de Maldini et Nesta, les Italiens dominés résistent jusqu'au bout. Van der Sar doit même sauver du pied devant Del Vecchio (100e). La Squadra a atteint son objectif : elle va jouer sa place en finale à la loterie des tirs au but.

En 1990, 1994 et 1998, elle a été sortie de la Coupe du monde de cette façon. Cette fois-ci, la victoire est à elle. « Nos joueurs étaient marqués par le double échec durant le match », expliquera Rijkaard. Dans leur tête, les Hollandais sont déjà battus. Toldo arrête le tir de Frank de Boer, Stam frappe au-dessus. Di Biagio, Pesotto et Totti marquent. Kluivert également. Maldini rate. Toldo arrête le tir de Bosvelt. C'est fini. Les Hollandais ont manqué cinq penalties sur six. Un record du monde.

Rijkaard parle d'une « terrible désillusion ». Il annonce sa démission et Bergkamp sa retraite internationale. Dans le camp italien, c'est presque l'incrédulité devant pareil exploit : « Nous avons défendu comme des lions, dit Toldo le hé-

Di Bagio et Del Piero fêtent Toldo. L'Italie est en finale de l'Euro.

ros. Nous avons été exceptionnels. Sur les penalties, je ne sais pas comment j'ai fait. C'est une affaire d'instinct. » Del Piero manie le paradoxe : « L'expulsion de Zambrotta a été bénéfique. Elle a décuplé nos forces. » Zoff parle d'héroïsme.

Pour la première fois, la France et l'Italie s'affrontent en championnat d'Europe dans une formidable revanche du quart de finale de 1998 que les Français avaient gagné… aux tirs au but.

« Tous ceux qui étaient là en 1998 ont envie de cette revanche », dit déjà Totti. « Ce sera très dur pour nous, mais pour eux aussi », prévient Maldini. Treize Bleus de France ont joué, jouent ou vont jouer dans le Calcio. Le duel s'annonce énorme et fratricide.

Vendredi 30 juin

ZIDANE EN ÉTENDARD

Emmanuel Petit se réveille fiévreux, malade. Les médecins parlent d'un « syndrome viral sans gravité ». Mais il est au lit quand ses camarades assistent à une nouvelle séance vidéo. Il ne déjeune pas avec eux, il ne s'entraîne pas l'après-midi à Wavre. Il se contente d'un peu de vélo.

Une mini-tempête a arraché les bâches qui isolent le petit stade belge. Du coup, la séance à huis clos devient publique.

L'Italie est devenue l'unique objet de l'appétit des Bleus. « Avec Zizou à 100 %, je ne vois pas comment on peut perdre », dit son ami Dugarry. « L'Italie n'a pas de point faible, mais nous on a Zidane », explique Blanc.

Interrogé sur le sort à venir de Djorkaeff, Lemerre répond rudement : « Le cœur n'a rien à voir là-dedans. Il faut gagner la finale. Quand Youri est là, on n'en veut plus et quand il n'est plus là, on le réclame. »

La France n'a plus perdu contre l'Italie depuis 1978. Encore sous le choc de leur qualification, les Italiens se retapent. Francesco Toldo est le plus entouré : « On est fatigués, on est anéantis, dit-il. Mais on récupérera rapidement. Le bonheur fait des miracles. »

Di Biagio est débarrassé d'un grand poids. « Je ne voulais pas participer aux tirs au but, explique-t-il. J'étais tourmenté par le souvenir de mon échec en quart de finale du Mondial contre la France. » Pressé par Zoff, il a ouvert le bal en battant Van der Sar.

La pression monte. Les Bleus d'ici et d'ailleurs vont jouer pour la gloire éternelle. Ceux de France savent déjà qu'en cas de succès ils toucheront chacun 3,65 millions de francs, prime de victoire et sponsoring mêlés. Le détail est encore sans importance. Seuls l'attrait et le plaisir d'une retentissante victoire les motivent.

Samedi 1er juillet

LA VIE EN BLEU

Adieu Genval et son hôtel du Lac. Sous une pluie fine et lancinante, la délégation française s'installe à l'hôtel *Oasis* de Spijkenisse, un endroit sinistre situé au milieu des raffineries, à une vingtaine de kilomètres de Rotterdam.

Emmanuel Petit ne va pas mieux : « Les migraines ont repris, explique-t-il. J'ai des douleurs terribles dans la jambe droite. » Pendant que ses camarades s'entraînent une dernière fois dans l'après-midi au stade de Kuip, il reste dans l'autocar. Petit ne disputera pas la finale que les Français joueront en bleu de la tête aux pieds, face au blanc des Italiens.

C'est l'heure des dernières petites phrases. « Nos joueurs connaissent profondément ce football italien et ça va nous aider, affirme Lemerre. Les Italiens ont un cœur, une culture, une pugnacité qui les rendent évidemment redoutables. La France possède le meilleur joueur du monde. »

« J'ai choisi de continuer après le Mondial parce que j'étais certain que le potentiel de notre équipe n'était pas totalement exploité », explique Laurent Blanc qui va enfin disputer « sa » finale, avant de tirer sa révérence.

« Et si on entrait dans l'histoire du football ? » interroge avec une fausse naïveté Thierry Henry.

Les Italiens sont bien décidés à tout faire pour empêcher ça. « Vous verrez que même contre la défense des champions du monde l'Italie peut marquer », prévient Maldini. Toldo enchaîne : « A la place des Français, je me ferais du souci. Nous affronter n'est facile pour personne. »

Alors, France ou Italie ? Michel Platini émet son pronostic : « Entre être le plus fort et gagner, il y a parfois une marge. Je vois tout de même la France s'imposer 2-1 au but en or. »

Platini est magique.

La victoire est en eux

Ce sont les mêmes images, les mêmes émotions, Deschamps sous une coupe, un entraîneur sous le choc, les Champs-Élysées, des centaines de milliers, des millions, au pied de l'Arc d'un nouveau triomphe et sur toutes les places de France envahies, inondées de bonheur et d'exubérance.

Ce sont les mêmes voyages au-delà du rêve, mais tout est si différent dans cette issue en or, ce torrent de stupéfaction, cet élan de folie, ce rugissement national.

Il est impossible d'aller chercher la victoire absolue au-delà de la limite où sont allés les Bleus. Au bord du précipice, une jambe et la moitié du corps déjà engagées dans le vide.

Quelques secondes de plus ou de moins. La différence entre un désert d'illusions et un océan de gloire éternelle.

Il n'est pas interdit de deviner dans cet impossible succès une intervention extérieure, une providence mystique. Il est si grand le mystère de la foi, de cette croyance en eux sans laquelle les Bleus ne seraient pas allés décrocher la lune en 2000, après le soleil de 1998.

Vaincre le Brésil avait été l'accomplissement aisé d'une joyeuse fatalité. Battre l'Italie fut une miraculeuse trouvaille, un retour d'enfer.

Qui n'a pas vu les remplacés et les remplaçants italiens enlacés et embrasés devant leur banc, attendant la délivrance de l'ultime coup de sifflet pour basculer dans la fête tempétueuse, ne sait rien des drames du sport, de ces affreuses déroutes qui ravagent et accablent, qui répandent l'odeur et le goût de la cendre. « Je suis détruit », dira Del Piero. « Je me sens mal », dira Zoff.

L'Italie s'était présentée dans toute sa superbe. Elle repartit en lambeaux du stade de Kuip de Rotterdam. Elle croyait pourtant tenir solidement son deuxième titre européen. Après une entame débridée, une tête de Fiore mal ajustée (4e), un centre-tir d'Henry sur l'extérieur du poteau de Toldo (6e), une reprise ratée d'un

Lemerre, roi d'Europe.

Zidane, Blanc, Vieira, Desailly, Dugarry, Thuram,
Henry, Djorkaeff, Deschamps, Barthez, Lizarazu. A vos marques, prêts, partez !

L'instant où les Bleus ont tremblé. La reprise du gauche de Delvecchio laisse Barthez impuissant. L'Italie croit en elle.

Henry, ici entre Iuliano et Nesta, a secoué en vain la défense italienne.

souffle par Delvecchio (8e), un contre décisif sur Djorkaeff au bout d'un centre de Dugarry (9e), la rencontre s'était installée dans un classicisme éprouvé et éprouvant.

Totti et Delvecchio s'agitaient sur le front. Leurs huit équipiers du champ faisaient tourner les Bleus en bourriques, dressant des champs de herses sur la route de Toldo.

Zidane vivait dans une tenaille, Djorkaeff cherchait en vain l'ouverture, l'intenable Henry, cavalier solitaire, ouvrait des brèches aussi profondes que vaines, Dugarry s'emberlificotait dans des dribbles incertains. La France tentait de faire sauter le verrou d'une forteresse italienne alors imprenable. Une frappe manquée d'Henry, récupérée aux 8 mètres par Djorkaeff pour une reprise écrasée et maîtrisée par Toldo (39e), n'était qu'un pâle danger en regard des efforts consentis.

Puis, soudain, l'Italie se fit plus italienne que jamais, alors qu'à deux reprises Henry le saignant venait de la transpercer sans pouvoir l'achever (46ᵉ et 50ᵉ). Une talonnade de Totti pour Pessoto, un centre aérien, Blanc qui hésite à intervenir de la tête de peur de tromper Barthez, Desailly un peu court sur le coup et Delvecchio de l'intérieur du gauche aux 6 mètres ouvre imparablement la route de la fortune (56ᵉ).

Voilà l'Italie dans sa position privilégiée. Voilà ces maudites minutes qui défilent de plus en plus vite. Voilà Wiltord qui entre (58ᵉ à la place de Dugarry), puis Trezeguet (76ᵉ à la place de Djorkaeff), puis Pires enfin (86ᵉ à la place de Lizarazu) pour un ultime défi.

Voilà les papillons bleus qui se heurtent au mur blanc. Cannavaro et Nesta sont formidables d'abnégation et de talent. Toldo se croit imbattable. Il repousse du tibia un tir sans angle de Wiltord (62ᵉ), il contre Henry qui lui fait face (68ᵉ).

Voilà aussi Del Piero, entré à la place de Fiore (53ᵉ), qui peut abattre le chêne. Deux fois Totti le propulse seul vers Barthez. Sur la première, il croise trop son tir du gauche (59ᵉ). Sur la seconde, le gardien français repousse superbement du pied la balle meurtrière du 2-0 (84ᵉ).

Ainsi va périr la gloire de Maldini et de ses « Ragazzi ». Dans une dernière poussée. Un long coup franc de Barthez. Une déviation de la tête de Trezeguet en direction du but. Une autre tête de Cannavaro qui met comme par enchantement Wiltord sur la trajectoire idéale. Une frappe croisée du gauche sans angle entre les jambes de Nesta, à fleur de main de Toldo. Un ballon qui gît dans le petit filet (94ᵉ). Des Français incrédules, des Italiens pétrifiés. La finale a basculé au bout de trois minutes et quatorze secondes d'arrêts de jeu.

« Quand on voit 90 minutes au tableau d'affichage, on se dit forcément qu'il n'y a plus grand-chose à faire et c'est terrible. Mais cette équipe est touchée par la grâce », racontera Dugarry. « On sentait la fin venir, mais, avec l'équipe de France, il ne faut jamais penser que c'est fini », dira

Longtemps le béton italien a paru impénétrable à Vieira et Zidane.

Dans un ultime effort, Sylvain Wiltord trompe Toldo. Les Bleus sont sauvés.

Maldini n'en croit pas ses yeux. Trezeguet va inscrire le but en or.

Un but d'anthologie pour un bonheur venu d'ailleurs. Trezeguet au septième ciel.

Henry. Et Lemerre ajoutera : « Durant le briefing d'avant match, on s'était dit que même s'il restait un temps infime il fallait jouer notre chance à fond. » Lemerre, parfait gestionnaire d'un formidable héritage.

La prolongation est une irrésistible ascension pour les uns, une inéluctable agonie pour les autres. Pires s'enfonce comme un poignard sur le flanc gauche. Cannavaro est débordé. « Je me suis cru à Metz, à Saint-Symphorien sur mon côté gauche », expliquera goguenard l'ancien Lorrain. Trezeguet est à l'arrivée du centre en retrait. « Robert lève la tête et me met un très bon centre, racontera "Trezegol". La balle est un peu haute. Je ne me pose pas de question. Je frappe du gauche. »

Sa reprise en pivot sous la barre est majestueuse (103ᵉ). Elle conclut le plus grand des Euro en inventant le plus grand des vainqueurs. « Ce sont mes fantassins qui ont porté l'estocade, soulignera Lemerre martial, mais j'ai toujours besoin de mes généraux. » La France réalise l'irréalisable : le doublé Mondial-Euro dans la continuité. Ces Bleus-là entreront doublement dans la légende. Ils survivront éternellement, comme dans leur chanson.

Pour l'instant, ils jubilent, pleurent, crient, chantent, tournicotent, batifolent sous la pluie, se posent et se parlent, assis en cercle sur le terrain pour prolonger l'instant de plénitude. « On avait besoin de rester sur la pelouse, expliquera Lizarazu. Quand on réalise quelque chose d'énorme, tout va trop vite. On a voulu profiter de l'instant présent tous ensemble. »

Puis le vestiaire devient une joyeuse cathédrale où Wiltord le sauveur asperge copieusement de champagne un président de la République et un Premier ministre.

Les mots sont alors peu de choses pour décrire l'infini. Desailly, qui n'a pu retenir ses larmes : « C'est la première fois que je ressens une telle émotion. Ce que nous avons fait est trop beau. Franchement, à cinq minutes de la fin, je pensais que c'était fini. Nous sommes imbattables. » Vieira : « C'est fabuleux. Nous avons été chanceux, mais c'est le lot des grandes équipes. » Blanc, le jeune retraité : « Je suis un peu triste de quitter mes coéquipiers, mais on se reverra en dehors du football. Cette génération gardera des atomes crochus. »

Il reste à traverser la nuit. A envahir Paris. A apparaître place de la Concorde – la bien-nommée – au balcon de l'hôtel Crillon, tels de modernes empereurs dominant la foule bouillante d'admirateurs frénétiques qui ont compris que ce qu'ils voient là, ils ne le reverront sans doute jamais. Que ceux qu'ils voient là, parmi lesquels Zidane tondu et presque Pelé, sont uniques, magiques, atomiques, gigantesques, inimitables.

Qu'ils sont aussi terriblement humains. Écoutez Marcel Desailly : « Marquer l'histoire ? On en a marre. On n'a pas fait tout ça pour marquer l'histoire. Nous, on veut évoluer dans des stades pleins et voir des enfants dedans. »

Une pluie d'or sur Deschamps et des Bleus qui ont tout gagné en deux ans.

Après l'effort, le réconfort. Moment d'intimité et d'amitié pour les champions réunis autour de Didier Deschamps.

Micoud freine l'Irlandais Hugues. Son compère bordelais Laslandes surveille, en attendant d'inscrire l'unique but du match.

Zidane n'a pas encore atteint son plein rendement.
Maksimov et les Ukrainiens en profitent.

Duel serré entre Dimitroulin et Karembeu.

Attention fragile

Ils se sont quittés en juin 1999 à Barcelone sur un pénible succès contre Andorre (1-0). Ils se retrouvent en août à Belfast sans Zidane, sans Djorkaeff, sans Anelka. « Nous attaquons une période de trente jours décisifs. J'aurais aimé qu'ils le soient moins et que nous ayons plus de points », explique Roger Lemerre. Inconfortablement installés dans leur groupe qualificatif pour l'Euro 2000, les Bleus se rendent en Ukraine et en Arménie, avant de recevoir l'Islande.

Contre l'Irlande du Nord la reprise de contact est acceptable. « Le véritable enjeu est de ne pas se blesser », a prévenu Franck Lebœuf pour cadrer un peu le débat. Contrat rempli, victoire en prime.

Un but suffit. Il surgit au cœur de la seconde période. Un centre de Thuram trouve le Bordelais Laslandes au point de penalty. La cinglante reprise de l'intérieur du pied droit fait mouche (67ᵉ).

Comme souvent, les Bleus ont gagné sans briller. Thuram parle d'un « match au faible niveau technique et tactique ». Johan Micoud et Laurent Robert en ont profité pour décrocher leur première sélection.

Place à l'Ukraine. Lemerre est inquiet : « Je ne cache pas que cette date du 4 septembre vient un peu tôt », dit-il. Il publie une liste de 21 joueurs pour un double déplacement capital. Tous les défenseurs et les milieux de terrain sont champions du monde. Même Karembeu, simple remplaçant au Real Madrid, est présent. Nicolas Anelka également, dont la galère espagnole commence à peine.

Des angoisses pour Lemerre.

« On est prêts pour l'exploit. L'équipe de France n'a pas le droit de ne pas aller à l'Euro », clame Zidane en débarquant à Kiev. Lemerre embraye : « Je ne pense pas un instant à l'éventualité que les choses se passent mal. J'ai encore la naïveté d'avoir la foi. » « L'important sera de bien défendre », ajoute Deschamps. Bien assise sur son derrière, la France adopte son fameux look 1998 qui conjugue prudence et sûreté.

« Aucune équipe ne jouera en calculant pour faire match nul », prédit le « Milanais » Chevtchenko, attaquant vedette de l'Ukraine. Le croit qui veut.

Pour la première fois de son histoire, l'équipe de France aligne dix joueurs de champ évoluant à l'étranger. Karembeu, Deschamps et Vieira – Petit est blessé – verrouillent le milieu. Anelka est seul en pointe devant Zidane et Djorkaeff. Dès la 20ᵉ seconde, il s'envole seul sur la droite et remet maladroitement à Djorkaeff au lieu de tenter sa chance. Un but aurait tout décoincé. La rencontre sera donc âpre et aride.

Lancé par Deschamps, Anelka rate une nouvelle occasion (14ᵉ). Dans la foulée, Rebrov adresse le premier et avant-dernier tir cadré ukrainien de la partie (15ᵉ). Un coup franc de Chevtchenko au ras d'un poteau (32ᵉ), une frappe de Zidane à côté (45ᵉ) pimentent à peine un affrontement sans oxygène. La seconde période est encore plus fermée. Golovko offre aux Bleus leur plus belle occasion en dévissant un dégagement qui rate d'un rien le cadre (53ᵉ). Une dernière angoisse quand Chevtchenko en position idéale devant Barthez rate son contrôle (90ᵉ), et l'on entérine le 0-0 programmé. Quatre tirs cadrés en tout et pour tout. Une misère.

La Russie a battu l'Arménie (2-0), l'Islande a vaincu Andorre (3-0). Le classement est plus touffu que jamais : 16 points pour l'Ukraine, 15 pour la Russie, la France et l'Islande, à deux matchs de l'arrivée.

« Nous avons toujours maîtrisé cette rencontre. Nous avons toujours essayé

A Kiev, une marée jaune et bleu conduite par Loujni déferle sur Zidane dont les efforts resteront vains.

de marquer», avance mollement Deschamps.» «On n'a pas mis le frein, mais la base de notre équipe, c'est le travail défensif», analyse froidement Lizarazu.

Et Laurent Blanc met les pieds dans le plat d'un système de jeu qui désole les puristes, même s'il a fait mondialement ses preuves : «Nous aurions dû jouer toute la rencontre comme les vingt-cinq premières minutes. Nous étions vraiment les plus forts. Si les attaquants sont obsédés par le replacement, il y a maldonne. Zidane se dépense beaucoup trop.» «Le seul reproche, c'est de n'avoir pas gagné, explique Lemerre. On peut penser aux barrages.» La deuxième place du groupe prolongerait de deux rencontres la quête de la phase finale.

Quatre jours plus tard, en Arménie, où Djorkaeff débarque en héros sur la terre de ses ancêtres («Oublier c'est trahir», déclare-t-il joliment), le problème est différent. La France est beaucoup plus forte que sa rivale. Seulement, elle déteste ces petits adversaires contre lesquels elle est obligée d'assumer le jeu, d'évoluer contre nature.

«Chaque équipe a son honneur et on doit montrer le nôtre à notre peuple», proclame fièrement Barseghian, le sélectionneur arménien. «Ce ne sera pas facile», prévient Zidane.

Avec Vieira sur le banc et le duo d'attaquants bordelais Laslandes-Wiltord, les Bleus débutent de façon catastrophique face à une formation qui n'a plus marqué depuis sept rencontres officielles. Djorkaeff perd un face-à-face contre le gardien Berezovski. Le contre fuse. Petrossian lance Mikaëlian dans le dos de la défense française. Barthez est mystifié (6e) dans une atmosphère d'incrédulité et de bonheur mêlés. Mikaëlian rate même une balle de break (13e). Djorkaeff (14e) puis Zidane (17e) loupent l'égalisation. Les

Bleus bafouillent, les Bleus cafouillent. Il leur faut un penalty, que Djorkaeff transforme après une faute sur Blanc (45e), pour adoucir leurs tourments.

Une ultime frayeur quand Yesayan seul devant Barthez ne peut assurer sa frappe, et c'est le grand Zidane en personne, après une remise de Djorkaeff, qui sauve une nouvelle fois la France d'un tir croisé du gauche de 20 mètres (67e). C'est son premier but en bleu depuis la finale de la Coupe du monde (67e). Servi par un Djorkaeff très inspiré, Laslandes donne enfin de l'air aux Français d'un tir en force (74e).

L'expulsion de Dehu (92e) et le penalty transformé par Stakgeldian après une faute de Barthez (93e) terniront la fin d'un match qui a vu les champions du monde vaciller. Au passage, le gardien monégasque a même écopé d'un carton jaune qui lui interdira de rencontrer l'Islande.

Lemerre est en colère : « Un match ne s'arrête pas à douze minutes de la fin. Quand on bafoue les lois du jeu, Roger Lemerre n'est pas content », déclame-t-il pompeusement. Deschamps, qui a battu au passage le record de minutes en bleu de Manuel Amoros (7 192), n'est guère plus satisfait : « On a commis trop d'erreurs. On a assuré le minimum syndical comme on dit, mais on a oublié la différence de buts », regrette-t-il.

Dommage, car l'Ukraine s'est imposée en Islande (1-0) et la Russie en Andorre (2-1). Seul un match nul entre l'Ukraine et la Russie évitera désormais aux Bleus de passer par les barrages, à la condition évidemment essentielle de battre l'Islande.

Inspiré par le retour aux sources, Djorkaeff s'envole à Erevan devant Khatchatrian.

Zidane met l'Arménie à genoux d'un tir du gauche. Djorkaeff, Deschamps et Lizarazu sont soulagés.

Contre l'Islande, Djorkaeff, pourtant cerné par la meute, invente de nouvelles figures qui le conduisent au deuxième but.

En octobre, contre l'Islande, le sauveur s'appelle déjà Trezeguet. Les Bleus iront à l'Euro. David en sera le héros.

Au bout de l'angoisse

Djorkaeff, pour que la joie demeure.

A peine acquise la pénible victoire en Arménie, Marcel Desailly a battu le rappel de la troupe : « Contre l'Islande, il faudra rassembler toutes les énergies, car, chaque fois que l'on joue contre une équipe moins forte, on n'y est pas. » Pour ce match décisif, Lama est de retour. « Après tout ce que j'ai vécu, c'est une réhabilitation », dit-il revanchard. Trezeguet et Micoud reviennent également.

« L'absence de la France à l'Euro ferait désordre », reconnaît Lemerre qui ajoute : « Passer par les barrages ne serait pas infamant. » Blanc l'expérimenté s'en remet à la méthode Coué : « Je veux que tout le monde soit persuadé que l'on va gagner ce match et on le gagnera », affirme-t-il. « Ce n'est pas l'Italie qu'on affronte et on ne se déplace pas dans un coupe-gorge », souligne justement Djorkaeff. Desailly en appelle au destin : « On espère un petit coup de chance pour qu'une victoire nous qualifie directement. » Il sera servi au-delà de ses espérances.

Dadason, buteur islandais du match aller (1-1), ne joue pas le fier : « Pour nous, c'est presque mission impossible », dit-il. Ce que confirme complètement la première période. Dadason rembourse d'abord sa dette en déviant dans son propre but un coup franc de Djorkaeff (18e). Ce même Djorkaeff invente ensuite une superbe action individuelle. Il enchaîne dribbles et contres favorables, s'appuie sur Wiltord pour un une-deux et marque d'un tir croisé du gauche (39e) après un ultime petit pont. Du grand art. Rien n'annonce ce qui va suivre.

Les Bleus aiment cultiver de troubles mystères. En sept minutes, un lointain coup franc de Sverrisson sous la barre (49e) et un extérieur du droit de Gunnarsson (56e) jettent un terrible froid venu du grand Nord sur un Stade de France tétanisé.

Laslandes sort. Trezeguet rentre (63e). C'est lui qui offre le but de la victoire aux Bleus en reprenant à bout portant un ballon repoussé par le gardien Kristinsson après une tête de Desailly (71e).

La France tient son pénible succès, mais pas encore sa qualification. A quelques milliers de kilomètres de Saint-Denis, le gardien russe Filiminov la lui offre sur un plateau en commettant une incroyable faute de main à la réception d'un coup franc au large de Chevtchenko (87e). La Russie menait alors 1-0. Elle perd tout sur ce coup-là. L'Ukraine est barragiste.

Les Bleus reviennent sur le terrain cinq minutes après le coup de sifflet final pour fêter l'événement.

« Je savais qu'on se qualifierait directement. On n'a pas douté », soutient Djorkaeff. Blanc fait dans la provocation sympathique : « Vous allez devoir supporter cette génération encore au moins six mois. » Et Deschamps reconnaît : « C'est l'illustration parfaite de notre parcours. On n'a pas bien maîtrisé cette qualification. »

Pendant ce temps, dans les tréfonds du Stade de France c'est un psychodrame qui se noue. Ici commence l'affaire du vrai-faux départ de Roger Lemerre. Pendant plusieurs jours, quelques déclarations malencontreuses ou sibyllines – « A partir de ce soir, je deviens le premier supporter de l'équipe de France » ; « Si mon chapeau savait pour qui je vote, je le brûlerais immédiatement » – laissent planer le doute sur son avenir à la tête de la sélection. Noël Le Graët, président de la Ligue, entretient la confusion : « S'il a quelques angoisses à un poste où il faut être fort, ce n'est pas jouable. »

Un mois plus tard, Roger Lemerre est bel et bien là pour le dernier match des an-

Depuis le 8 juillet 1998, Lilian Thuram adore la Croatie. Soldo et Stanic ne diront pas le contraire.

Pires inscrit le premier but du dernier match bleu des années 1900.

nées 1900, un France-Croatie qui réjouit l'arène de Saint-Denis. Après une première période hésitante, disputée sans Barthez, Blanc, Lizarazu, Deschamps ni Djorkaeff, les Bleus marquent trois fois, par Pires d'une reprise en coin des 6 mètres (46e), Maurice d'un intérieur du droit de près sur un centre de Micoud (67e) et Vairelles d'une balle piquée qui lobe Pavlovic (73e).

Et un, et deux et trois zéro ! Quel clin d'œil avant l'an 2000 ! Roger Lemerre est satisfait : « L'enthousiasme est une chose, le résultat en est une autre. Là, les deux ont été associés. » Il annonce déjà que pour l'Euro « les champions du monde seront prioritaires ». On connaît la suite.

La mise à feu

Contre la Pologne, pour le premier match de l'an 2000, Zidane retrouve son rôle de sauveur des Bleus.

En 1998, pour l'inauguration du Stade de France, l'équipe de France avait entamé son année par une belle victoire sur l'Espagne (1-0), but de Zidane. En 2000, elle attaque l'année dans son Stade de France par une victoire sur la Pologne (1-0), but de Zidane.

Les Bleus du Mondial ont le vent en poupe. Ils sont quinze dans un groupe de dix-huit. « Nous sommes à la recherche d'un titre. Ce sont les meilleurs qui doivent jouer », rappelle Roger Lemerre.

Au cœur de l'hiver, Zidane flambe. En Italie, il vient de marquer quatre fois de suite. « Cela ne m'était jamais arrivé. Je revis », dit-il.

Le défenseur lyonnais et international polonais Bak a fixé les limites de sa formation : « Nous sommes comme certains boxeurs. Nous lançons des coups de poing qui n'arrivent pas. » Celui de Zidane sur-

A Glasgow, Thierry Henry est sur un nuage. L'avant-centre d'Arsenal marque le second but du premier succès français en Écosse.

git dans le courant du dernier round (88e). Il met la Pologne KO. Un coup franc dans l'axe, un premier tir repoussé, une reprise en demi-volée qui troue un mur démantelé et Zizou sauve le coup.

Une fois de plus, les attaquants – Trezeguet et Wiltord au coup d'envoi – n'ont pas été à la fête. Le terrain ne les a pas aidés. « Sur une telle pelouse, il est pratiquement impossible de donner du spectacle », regrette Zidane. Le gazon de Saint-Denis ne supporte pas les frimas.

Pour se rendre en Écosse, en mars, Lemerre accorde de nouveau sa confiance à quinze champions du monde dans un groupe de dix-huit que le lutin monégasque Giuly intègre pour la première fois. Zidane et Barthez déclarent forfait. La France n'a jamais gagné à Glasgow. Elle s'y est inclinée trois fois sur trois. Henry a le vent en poupe. Il réalise un carton à Arsenal au poste d'avant-centre. A son tour de se retrouver seul en pointe devant Giuly, Djorkaeff et Dugarry.

« L'Euro est dans nos têtes. Personne n'est venu ici à reculons », insiste Deschamps en bon capitaine.

Il ne ment pas. Le gardien écossais Sullivan sauve du pied devant Dugarry (8e). Cameron est seul également face à Ramé soulagé de voir le tir filer à côté (12e). Les Bleus contrôlent. Ils attendent leur heure. Elle sonne généralement après la pause. Micoud et Wiltord remplacent Giuly et Djorkaeff. Le premier but sera donc bordelais. Micoud décale Wiltord sur la droite. La frappe croisée fait mouche (54e). Les Français imposent leur loi. Servi par Vieira, Henry double la mise à l'ultime minute d'un solide tir croisé de 20 mètres qui se niche dans le petit filet opposé.

« C'est un nouvel exploit, affirme Deschamps. On s'attendait à un match plus difficile. En deuxième mi-temps, nous avons eu la maîtrise totale du jeu. »

Sans Anelka ni Wiltord, tous deux en conflit avec leur club, la France s'apprête maintenant à recevoir la Slovénie. Henry a marqué lors de ses neuf derniers matchs. Et Trezeguet n'est pas maladroit avec Monaco. « J'ai un peu peur qu'ils se marchent sur les pieds s'ils évoluent devant côte à côte », estime cependant Lemerre. Ils disputeront une mi-temps chacun.

Avant cet affrontement inédit, l'entraîneur slovène Katanec ne se berce pas d'illusions : « La France est meilleure, mais nous allons essayer de marquer les premiers pour tenter de rivaliser par la suite. »

Son vœu est exaucé au-delà de ses espérances. Face à une défense bleue assoupie, les Slovènes marquent deux fois durant les dix premières minutes. Deschamps parlera de « dix minutes d'amnésie ».

Une reprise à bout portant de Milinovic (3e) et une tête d'Udovic (9e) mettent la France à deux longueurs, ce qui ne lui était plus arrivé depuis 1994 et un match amical contre la République tchèque (2-2).

Vexés, les Bleus partent à l'assaut de la muraille slovène. Un coup franc de Zidane s'écrase sur le poteau (39e). Un nouveau coup franc de Zizou rebondit sur la poitrine du gardien Dabanovic. Trezeguet le rôdeur réduit le score d'une volée du droit (63e). Laurent Blanc dispute son dernier match international au Stade de France.

Les Bleus ont la tête ailleurs. Le Slovène Milinovic ouvre le score.

Pour son dernier match au Stade de France, Laurent Blanc offre aux Bleus un cadeau d'adieu en égalisant contre la Slovénie.

L'honneur lui revient d'égaliser de la tête (son 15e but en bleu en attendant mieux) à l'arrivée d'un corner de Petit (77e).

Les Français ne se relâchent pas. Au fin fond des arrêts de jeu, Trezeguet servi par Zidane leur offre une victoire inespérée (95e). « Face aux Bleus, n'importe quelle équipe peut rendre l'âme », affirme Lemerre conquis. « Nous savions très bien que si nous marquions très vite en seconde mi-temps nous pouvions gagner », explique Blanc. Les champions du monde ne connaissent ni le doute ni la peur.

A quelques encablures de l'Euro, ils débarquent sereins en Croatie. Lemerre vient d'apprendre que son contrat à la tête de l'équipe de France était prolongé jusqu'en 2002. Distillée au compte-gouttes, sa liste des 22 pour l'Euro est sans surprise. Elle comprend dix-huit champions du monde auxquels s'ajoutent Ramé, Wiltord, Micoud et Anelka. « On est meilleurs qu'en 1998 », affirme Lebœuf.

Les Croates ne diront pas le contraire. Leur entraîneur Blazevic était pourtant confiant. « L'équipe de France est la meilleure du monde, mais elle a peu de chance de nous battre », disait-il avant la rencontre. Après coup, il ajoutera simplement que « la France est son favori pour l'Euro ».

Avec Henry et Wiltord en pointe, soutenus par Zidane et Pires, les Bleus récitent intelligemment leur partition. Zidane lance Henry. Le gardien Pavlovic repousse le tir. Wiltord prolonge et Pires marque à bout portant (26e). Entré à la reprise à la place de Wiltord, Trezeguet frappe trois fois sur Pavlovic avant de profiter d'un centre en retrait de Wiltord pour inscrire le second but (70e).

Une minute plus tôt, dans un enchaînement de folie, Suker a tiré sur la transversale et Stanic sur le poteau. Ces Bleus-là sont ainsi faits. Jusqu'à présent, la chance ne les a jamais abandonnés. Et leur force de percussion est de plus en plus évidente. « Petit à petit, l'équipe devient plus offensive », se réjouit Trezeguet. « Avec Henry, Trezeguet et Anelka, nous possédons trois attaquants de haut niveau », affirme Lemerre.

Le Tournoi Hassan-II, qui sert d'ultime réglage comme en 1998, en apporte une preuve supplémentaire. A Casablanca, les Bleus ont pourtant du mal à mettre les gaz. Face au Japon (2-2), ils ne font pas les fiers. Le quatuor Pires, Zidane, Wiltord, Trezeguet, donné alors favori pour débuter l'Euro, bute sur des Japonais particulièrement vifs, techniques et audacieux. Deux mini-occasions pour Trezeguet précèdent l'ouverture du score par Morishima, qui tire une première fois sur Barthez puis conclut de la tête (34e).

L'entrée de Djorkaeff après le repos redonne un peu de tonus aux Français. Son tir sur le poteau est un coup de semonce (49e). Mais c'est Zidane qui égalise au terme d'un formidable exploit technique : lob du pied droit sur le gardien, puis reprise en extension de l'extérieur du pied gauche (61e).

Quand les Bleus semblent avoir inversé la tendance, Nishizawa reprend d'une superbe volée sous la barre un centre de Miura (70e). Lemerre lance alors Anelka (73e). Deux minutes plus tard, le tout frais champion d'Europe des clubs s'échappe sur la gauche, rate un poil son tir qui se transforme en centre pour Djorkaeff. Le « serpent » égalise à bout portant (75e). C'est son 23e but en bleu.

La France s'impose finalement aux tirs au but. « Il n'y a pas lieu de s'alarmer », déclare Petit, rassurant.

A Casablanca, Zidane se dégagera de l'étau japonais pour inscrire un but formidable.

Lemerre parle d'un « match très difficile ». Il avance comme explication « la chaleur et les entraînements fonciers biquotidiens ». Il pense aussi qu'un « soupçon de suffisance a pu apparaître dans cette rencontre » et annonce que l'équipe qui affrontera le Maroc en finale comprendra de nombreux remplaçants.

Deux jours plus tard, Le carré offensif comprend donc Djorkaeff, Dugarry, Henry et Anelka. Il va faire merveille. Depuis 1998, le Maroc a joué trois fois contre la France et s'en est toujours bien tiré (deux défaites 2-1 et 1-0, un match nul 2-2). Cette fois-ci, devant 60 000 supporters, il explose (5-1).

Anelka et Henry sont étincelants. Le premier propulse le second vers l'ouverture du score (27e). Le Maroc ne jette pas l'éponge. Safir frappe sur la transversale (40e), Bassir tire sur le poteau (45e).

Une échappée d'Anelka conclue par une faute du gardien Fahoumi et un penalty de Djorkaeff (61e) remettent les Bleus dans le sens de la marche.

Le but de Naybet qui profite d'une mésentente Lama-Karembeu n'y change rien (65e). Un lob de Dugarry (79e), une frappe du droit d'Anelka après un dribble sur El Karkouri (79e) et une action individuelle de Wiltord entré en jeu cinq minutes plus tôt (92e), transforment le succès en triomphe.

Roger Lemerre est troublé. Après France-Croatie, il affirmait connaître l'équipe qui débuterait l'Euro contre le Danemark. « Ma réflexion a évolué, reconnaît-il. Anelka est très capable d'être un complément pour ses camarades. L'idéc dc l'associer à Henry était déjà dans ma tête. »

Jusqu'à présent la France brillait par sa solidité défensive et « son » Zidane. C'est dotée d'une force de frappe considérable qu'elle débarque en Belgique pour tenter de réussir ce qu'aucune nation n'a jamais fait : décrocher le titre européen avec la couronne mondiale sur la tête.

En finale du tournoi Hassan II, Henry écartèle l'arrière-garde marocaine.

Contre le Maroc, Anelka gagne sa place de titulaire pour l'entame de l'Euro.

AN 2000 APRES J-CRUFC
AMEN LA CUP
ALLEZ CALAIS
LE-SEIGNEUR EST AVEC VOUS
JÉSUS CRUFC
1er ABONNÉ à la Bible du Football

Biblique

Lozano, entraîneur comblé.

Aucune équipe au monde de quatrième division, jamais, nulle part, n'est parvenue à enlever la Coupe de son pays. Aucune équipe au monde, jamais, nulle part, n'est passée aussi près que Calais d'y parvenir.

Comment expliquer l'inexplicable ? Dans cette histoire-là, il n'y a logiquement pas de place, au-delà d'une ou deux surprises, pour un architecte-assistant devenu entraîneur et responsable des installations sportives de la ville (Ladislas Lozano), un commercial (Réginald Becque), un agent de sécurité-médiateur (Grégory Deswarte), deux magasiniers-caristes-caissiers (Mickael Gérard et Jocelyn Merlen), un jardinier (Stéphane Canu), un animateur de centre d'action sociale (Christophe Hogard), un peintre en bâtiment (Emmanuel Vasseur), un étudiant en éducation physique (Mathieu Millien), un intendant de camping (Grégory Lefebvre) et quelques « emplois jeunes » (Frédéric Schille, Jérôme Dutitre, Cédric Jandau, Fabrice Baron).

« Tout ça me fait peur. J'espère que toute l'équipe ne va pas se croire capable de signer à la Juventus sous prétexte qu'elle a battu Strasbourg », disait le manager général Claude Thiriot après le quart de finale.

Sa crainte était vaine. Les Calaisiens sont sortis indemnes, avec dignité et modestie, de ce qui fut l'affaire de leur vie, ce gigantesque combat, tellement symbolique, entre le petit et les gros, le gentil et les méchants, le pauvre et les riches, le vertueux et les vicieux, l'amateur et les professionnels, le pur et les impurs. Un bras de fer savamment entretenu par Ladislas Lozano, entraîneur sans fard qui eut le courage d'avouer : « C'est la chance de ma vie de m'exprimer. J'ai une vraie soif de reconnaissance. Tout ce que j'attends depuis trente ans, le destin me l'offre en trois mois. »

Ladislas Lozano n'est pas né pour rien dans la Mancha, cette région d'Espagne qu'écuma l'illuminé et idéaliste Don Quichotte pour les yeux de sa dulcinée. Il est lui aussi un amoureux passionné. Un fou. Il a jeté son dévolu sur une balle ronde qui le dévore.

Sa carrière bascule en 1969 quand il décline une sélection en équipe de France junior parce qu'il est encore espagnol. Il ne se remettra jamais tout à fait de n'avoir pas saisi sa chance au plus haut niveau.

Sa carrière de joueur est d'abord une galère, ensuite un tunnel. La D2 à Santander en Espagne. La D2 et un dépôt de bilan au Paris-Joinville. La D2, la D3 et la D4, selon les années, à Abbeville où il reste onze ans, avec une parenthèse d'une saison à Amiens.

Sa carrière d'entraîneur épouse les mêmes entrelacs. A Deauville où il débute parce que le président cherche un gars du bâtiment, à Friville-Escarbotin, à Saint-Omer dont il est licencié au bout de six ans, en juin 1994, cruel et ineffaçable souvenir, pour avoir manqué d'un point la montée en National (troisième division), à Berck, il n'est qu'un soldat inconnu du football. Un éducateur.

Il le serait resté à Calais, où il débarque en 1995, sans ce miracle de l'an 2000. Cinq ans, c'est ce qu'il lui faut pour façonner le club à son image. « Je crois être considéré comme chiant, trop rigoureux, toujours à la recherche de la perfection », dit-il.

Lozano met noir sur blanc en 60 pages son projet interne, sa méthode de gestion technique. Tout le monde l'applique à la lettre. Il y veille. « Chez nous, explique-t-il, toutes les équipes ont le même plan de jeu comme à l'Ajax ou à Barcelone. A l'entraînement, rien n'est imposé, tout est dis-

Le somptueux parcours des Calaisiens a declenché la ferveur absolue de supporters très imaginatifs.

Avant d'affronter Strasbourg, les Calaisiens unissent leurs forces.

cuté. Mais une fois que les choses sont cadrées, je deviens draconien, durissime.»

«Calais n'a rien d'un club amateur», estimera Élie Baup, l'entraîneur de Bordeaux.

Deux événements survenus en octobre 1999 résument parfaitement le parcours, les idées, le fonctionnement, le caractère, la méthode de Lozano.

Avant de bouleverser la France entière, les Calaisiens connaissent l'anonymat des stades de campagne. Pour leur entrée en Coupe de France à l'occasion du quatrième tour, le 10 octobre, ils se rendent à Campagne-les-Hesdin, une équipe de district dont le gardien de but racontera plus tard les prémisses de la grande aventure : «Le match débutait à 15 heures. Ils sont arrivés à 13 h 15 pour installer des tables de massage dans les douches. On s'attendait à ce qu'ils nous envoient leur équipe réserve. Non seulement ils sont venus nous superviser, mais ils ont débarqué au complet et nous ont mis 10-0. S'ils avaient pu en mettre 20, ils l'auraient fait.»

D'une certaine façon, cela s'appelle du professionnalisme. Deux semaines plus tard, le 27 octobre, les Calaisiens sont en réunion de crise. Ils viennent de subir leur troisième défaite consécutive à domicile. Lozano est au bord du gouffre. Plus tard, il se souviendra : «Il a fallu que j'insulte mes joueurs pour obtenir le respect qu'ils ont tous pour moi aujourd'hui.»

Les plus beaux bébés naissent souvent dans la douleur. Celui-là sera donc magnifique. Lille et Cannes, deux équipes de seconde division, Strasbourg et Bordeaux, deux formations de l'élite, butent sur ce roc qui durcit tour après tour, sur cette équipe considérable qu'aucune tempête n'ébranle, sur ce sans-grade qui chamboule toutes les hiérarchies, détruit toutes les logiques, avec un cran ahurissant.

Au fil des tours, Lozano peaufine son discours. Il règle son compte au monde des pros avec une acidité, un manichéisme dans lesquels beaucoup devinent une aigreur, une amertume qu'il ira jusqu'à revendiquer. Il tient sa revanche. Il la déguste jusqu'au bout.

On lui reproche de profiter du travail des centres de formation ? Il réplique : «Il faut voir dans quel état de délabrement moral on récupère certains joueurs issus de ces centres. Ils sont détruits, déçus, écœurés. On a besoin de plusieurs mois pour les redresser, les reconstruire physiquement, techniquement et moralement.»

Des rumeurs de dopage circulent ? Il tord rudement le cou à ce canard : «On dérange. Alors, on cherche à nous salir. Quand je vois certains comportements comme celui du PSG contre Gueugnon en finale de la Coupe de la Ligue, je me dis que pas mal de pros pourraient venir chez nous se doper pendant huit jours. Chez les pros, mes joueurs seraient des exemples. Eux ne démissionnent jamais.»

Son numéro est au point. Il gère avec maestria l'ahurissante campagne médiatique qui s'abat sur lui, sur ses hommes, sur toute la ville. Même le *Washington Post* enquête sur le phénomène calaisien. Les joueurs passent des plateaux des télés aux studios des radios. Ils envahissent les magazines, sont invités au Stade de France pour France-Slovénie, au concert de Patrick Bruel à Dunkerque.

Plus que tout autre, Lozano est sollicité. Il a réponse à tout. «Toutes les vérités sont bonnes à dire», affirme-t-il. Il est entier et provocateur. Déterminé et acide.

Ce lutteur émérite et inépuisable craque pourtant dans la nuit qui suit l'élimination de Bordeaux, au cœur de l'énorme fête qui chamboule la ville. Hospitalisé, il s'extrait un instant de sa gloire. Il racontera magnifiquement cet instant de fatigue et de grâce : «Je me suis dit que j'étais allé trop loin, que j'étais peu de chose. Que même une finale de Coupe ne méritait pas ça. Et puis j'ai pensé : voilà, tu es là où tu voulais aller. Tu es bien.»

Et c'est toute la France qui est bien, qui est heureuse, qui partage cette merveilleuse ferveur. Toute la France qui finit par comprendre qu'au-delà d'une défaite de passage Calais est invincible, indestructible. Sa parabole est biblique. Elle raconte l'éternel et sublime espoir de ceux qui n'ont rien, sauf la foi.

Nantes n'a pas calé

L'événement, comme il s'en déroule un par siècle, ne doit pas occulter le reste. Nantes après Nantes. « Comme deux vainqueurs », titrera joliment *L'Équipe*. Celui du palmarès et celui du cœur, Calais. Il y eut pourtant d'autres aventures, de formidables et simples bonheurs de l'instant. La Coupe ne repasse pas toujours les plats.

Au moins s'offre-t-elle des héros d'un jour. En novembre 1999, septième tour, les gars de Lyon Duchère (division d'honneur) tutoient l'irréel. Passe encore qu'ils éliminent Nice (D2). Qu'ils le fassent sur le score sans appel de 4-0, après prolongation qui plus est, relève de l'inimaginable.

Pour leur entrée en lice, les clubs de première division évitent tout affrontement fratricide. Marseille se rend à Segré (CFA), dont le gardien Bouillé affirme : « L'OM est tellement mal en ce moment que ça peut passer. » Un but de Pires le ramène à la raison.

Mais six équipes de première division dérapent contre des rivaux hiérarchiquement inférieurs. Amiens n'a plus gagné depuis cinq mois en deuxième division. Il s'offre Auxerre (1-0). « On a cru que je plaisantais quand je parlais de nous comme des outsiders », soupire Guy Roux qui connaît la chanson.

Lens chute sur la neige de Besançon (National) qui oblige l'arbitre à suspendre le match durant quarante-trois minutes (2-1). Le directeur sportif Jean-Luc Arribart est impitoyable : « On avait le niveau CFA2. C'était pathétique. A la limite de la faute professionnelle. »

Joli doublé pour les Nantais.

Bastia s'incline à Saint-Quentin, autre club de National (1-0). Nancy tombe à Thouars (National). Sedan, finaliste 1999, s'égare à Laval (D2) à l'issue des tirs au but (0-0, 3-2) et Montpellier déraille à Lorient (2-1).

Au cœur de toutes ces surprises, nul ne prête vraiment attention à Nantes le tenant, très sérieux à Carcassonne (CFA2), où il s'impose 4-1 (deux buts de Siberski, un de Caveglia, un de Carrière). Et rares sont ceux qui se rendent compte qu'il s'est passé quelque chose de fort à Calais (CFA) où Lille, pourtant solide leader de la deuxième division, s'est fait sortir à l'issue des tirs au but (1-1, 7-6).

La Coupe ne dévoile pas facilement ses mystères. Et souvent, elle blackboule illico ceux qu'elle vient tout juste d'installer sur un piédestal.

Besançon a pourtant bien cru l'amadouer. En prolongation, il marque contre Strasbourg à la 115e minute. Rouxel égalise à la 122e minute d'un impossible centre en retourné. Et Strasbourg passe aux tirs au but (2-2, 4-2).

Après Bastia, Saint-Quentin pense avoir écarté Metz. Mais Baticle égalise à la 95e minute à la fin des arrêts de jeu. Metz s'impose en prolongation (3-1).

La Coupe sait être cruelle. Elle ne l'est pas avec le Red Star (National) qui élimine Le Havre (1-0). La victoire de Nantes à Montceau (division d'honneur) est sans bavure (6-0 par Carrière, Da Rocha, Devineau, Sibierski, Caveglia et Suffo). « Il n'y a rien à dire. Ils ne se sont pas foutus de nous », commente épaté le défenseur de Montceau, Sznektala.

Face à plus petit que lui, Langon Castets (CFA2), Calais fait le métier (3-0, deux buts de Gérard, un de Vasseur). Calais est en huitième de finale et la voix de son entraîneur Ladislas Lozano est entendue pour la première fois à l'échelon national : « Les gars l'ont fait alors qu'ils avaient tout à perdre. Nous ne réalisons pas encore la portée de notre exploit. »

L'OM, en revanche, chavire et coule à domicile contre Gueugnon. Au bout d'un peu plus d'une heure, il a déjà encaissé

Il faudra les tirs au but à Da Rocha et aux Nantais pour se débarrasser de Gueugnon.

quatre buts (Traoré, 16e et 24e, Esceth N'Zi, 61e, Chabert, 68e). Le Vélodrome gronde. Gueugnon virevolte, caracole et se joue d'une défense gruyère. Comme le lièvre de la fable, l'OM se réveille trop tard. Les buts de Maurice (69e), Pouget (76e) et Fischer (87e) sont insuffisants.

« On doit avoir honte après un match comme ça », dit durement Éric Di Meco, le directeur sportif. Les vainqueurs se pincent presque pour y croire. « Je ne réalise pas. C'était impossible d'imaginer que nous allions mener 4-0 », affirme le défenseur Bouzin.

En huitième de finale, Gueugnon se rend à Nantes qui ne va pas fort. Le jeune gardien-capitaine Landreau est inquiet : « Les Gueugnonnais auront une occasion à la 4e minute. S'ils marquent, c'est parti pour la galère », prophétise-t-il. A la 14e minute, Traoré part à la limite du hors-jeu et file vers Landreau qu'il dribble. Lièvre, revenu à toutes jambes, repousse sur sa ligne le tir de l'avant-centre gueugnonnais. Et Nantes passe difficilement aux tirs au but (0-0, 5-3). « Comme la saison dernière, nous avançons dans la sueur », affirme l'entraîneur Raynald Denoueix.

Avant de recevoir Cannes (D2), à Boulogne-sur-Mer, les Calaisiens ont le moral. « Ce match est tout, sauf un aboutissement. Il nous reste au moins encore un tour à disputer. Quand je dis ça, les gens rigolent, mais nous allons disputer les quarts de finale », assène Ladislas Lozano.

En prolongation. Chabaud marque pour Cannes (115e). Terminus pour Calais ? Pas du tout. Une tête de Hogard aux 6 mètres (118e) rétablit l'égalité. « J'étais responsable à 90 % du but cannois, expliquera le buteur. Alors, quand j'ai vu le ballon arriver sur le centre de Vasseur, j'ai tout arraché pour marquer. »

Calais s'impose aux tirs au but (4-1). Schille a stoppé deux frappes adverses. « Quand on revient à 1-1, raconte-t-il, on est trop forts dans nos têtes. Plus rien ne peut nous arrêter. »

Le feuilleton calaisien commence à intéresser la France qui n'a encore rien vu. Pour l'instant, elle regarde avec intérêt Lyon éliminer le Red Star (2-1, Govou, 82e et 83e), Bordeaux sortir Metz (1-0, Laslandes, 16e), Monaco se promener à Pontivy (4-0) ou Strasbourg écarter le PSG (1-0, Bertin, 86e).

Strasbourg affrontera Calais en quart de finale. L'entraîneur Claude Le Roy modère les enthousiasmes : « Le pire serait de croire que ce sera facile », prévient-il.

Lozano est remonté comme un coucou : « C'est un challenge encore plus immense, dit-il. L'aventure de Calais ne s'arrêtera peut-être pas au tour suivant. »

La rencontre se déroule à Lens où débarquent plus de 15 000 Calaisiens. Le stade Bollaert est plein. « Je suis intimement convaincu que Strasbourg va l'avoir très dure », ne cesse de répéter l'intarissable Lozano. Sans vraiment convaincre.

Strasbourg ouvre le score par Echouafni (6e). Les Alsaciens dominent, oubliant simplement d'achever leurs adversaires par un second but. Le prix de cette légèreté est énorme. Pour Calais, c'est ici que s'effectue le mouvement de bascule du formidable à l'ébouriffant.

Le gardien alsacien Debès repousse un tir de Gérard. Hogard reprend et égalise (39e). Le défenseur Merlen tire un coup franc de 25 mètres. Debès relâche le ballon derrière sa ligne (45e). « Je marque un but par saison, dira le buteur. Celui-là restera dans ma tête toute ma vie. »

Calais mène à la mi-temps et résiste sans grande difficulté en seconde période. Schille capte tous les ballons aériens. Calais joue comme un grand. Calais est en demi-finale. C'est la première fois qu'un club de quatrième division atteint ce niveau. Calais entre une première fois dans l'histoire.

Claude Leroy est sonné. Il parle d'un

« match cauchemardesque, d'une humiliation ».

« C'est immense, mais on ne compte pas s'arrêter là, clame Mickaël Gérard. Il y aura bientôt 30 000 Calaisiens dans les virages du Stade de France. » « Il restera une trace de notre passage sur terre », affirme le capitaine Réginald Becque. Les piquantes petites phrases s'enchaînent dans l'atmosphère de liesse qui envahit toute une ville.

« C'est une page immensément belle de l'histoire du foot amateur, dit Lozano. Avec les tripes, on peut obtenir beaucoup. Mais je pense que ce ne sera pas suffisant pour aller en finale. »

Lozano a remarqué que le plateau des demi-finales a belle allure. Monaco s'impose tranquillement à Lyon (3-1). Laigle ouvre le score d'une frappe du gauche détournée par Christanval (35e). En seconde mi-temps, les Monégasques effectuent une démonstration. Prso égalise de la tête (59e). Simone fait la différence d'une superbe reprise en lucarne (78e) et Giuly porte le coup de grâce (92e).

« C'est alléchant de penser à l'apothéose du Stade de France », dit Claude Puel, l'entraîneur monégasque.

Bordeaux complète le carré magique après son court succès sur Nîmes (1-0, Laslandes, 47e).

Et Nantes le tenant s'accroche à son trophée. Il élimine Rennes à l'extrême fin de la prolongation d'un match acharné (2-1). Fabbri a ouvert le score de la tête (40e). Le Roux a égalisé pour les Rennais (78e). Et c'est Sibierski, d'un tir croisé entre les jambes de Revault (117e), qui force la décision. « Cette prolongation prouve le mental fabuleux du groupe », dit le buteur décisif. « La Coupe 1999 nous appartient à 100 % et la Coupe 2000 à 25 % », calcule en souriant Raynald Denoueix.

Nantes va avoir besoin de tout son mental pour atteindre les 50 %. Le sort l'expédie à Monaco. Bordeaux se rendra à Lens défier « l'ogre » calaisien.

Merlen s'oppose au Strasbourgeois Ehret. C'est lui qui qualifiera Calais.

Strasbourg éliminé, c'est la chenille calaisienne qui redémarre.

Afanou est débordé, Ramé est impuissant. Millien inscrit l'incroyable but qui élimine Bordeaux et envoie Calais en finale.

Lozano parle d'un « honneur terrible ». Vasseur n'est pas plus inquiet que ça : « Nantes, ça va trop vite et Monaco, c'est intouchable, explique-t-il. Bordeaux est l'équipe qui devrait nous convenir le plus. »

« Quand j'ai lu ça, dira Dugarry, j'ai été vexé. Il y a là une forme d'irrespect. » Ou de lucidité.

Lozano le visionnaire prévient : « La marche est très haute. Pourtant, au-delà des rires, des sourires et des ricanements de certains, j'ai une grande confiance en mes joueurs. »

Le Bordelais Micoud riposte : « Calais est sûr de lui ? Tant mieux, mais il ne faut pas non plus exagérer. Je préfère notre tirage à celui de Nantes. »

Ce soir-là, une ville change de ville. Des milliers de voitures, cinq cents cars, cinq trains, quittent Calais pour Lens. Bollaert en jaune et rouge est prêt à tout croire, à tout voir. Calais attaque pied au plancher. Bordeaux a du mal à s'approcher des buts de Schille. En seconde période, le champion en titre appuie sur l'accélérateur. Calais ne respire plus. Saveljic place une tête sur la barre (53e). Schille est superbe sur une frappe de Legwinski (62e). Dutitre sauve devant ce même Legwinski (72e). Laslandes bute sur Schille (89e). Deux fois pourtant, sur une volée de Merlen (67e) et une reprise de Hogard, Ramé a dû intervenir.

Calais ne se laisse jamais faire. Il provoque sa chance et sa réussite. Jandau ouvre le score d'une ahurissante reprise croisée sous la barre (99e). Quand Laslandes égalise (108e), Bordeaux se pense sauvé. « Je n'y croyais plus », avouera Jandau. Il a tort. Calais est inarrêtable, béni des dieux du football.

Gérard et Lefebvre ont un temps d'avance sur Laslandes et Afanou.

Millien marque en force sur un centre de Vasseur (113e). « Je ne vois même pas Ramé, racontera-t-il. J'ai tapé le plus fort possible d'une pointasse. » Gérard enfonce cet énorme clou d'une frappe croisée du droit (119e).

La France n'en croit pas ses yeux. Calais l'a fait. Calais est en finale. La « Calaismania » est en marche.

Lozano est incrédule : « Je ne me rends pas bien compte de ce qui nous arrive. Pour la première fois j'ai dit à mes joueurs : vous êtes des professionnels, comportez-vous comme tels. Après, il y a aussi des forces divines. A 1-1, j'avoue que j'ai fait appel à cet homme qui est tout en haut. »

« Cet homme », dit Lozano. Tout cela est tellement humain. « Si réaliser un match parfait ça existe, alors nous l'avons réussi », explique Hogard.

« Quelle émotion extraordinaire, soupire Vasseur épuisé. Maintenant, allons au Stade de France pour gagner. »

Et affronter le tenant, car Nantes s'impose à Monaco privant du coup Calais d'une qualification directe pour la Coupe d'Europe.

Nantes n'a plus gagné en Principauté depuis 1974. Il choisit bien son jour. Au moment où Monaco l'étouffe, Ahamada relance pour Sibierski qui alerte Da Rocha, lequel échappe à Di Tommaso et bat Barthez du gauche (82e). La performance est considérable. Celle de Calais l'estompe. Nantes est la neuvième équipe depuis 1933 et l'invention du professionnalisme à participer deux années de suite à la finale de la Coupe.

Les jeunes Nantais représenteront l'élite face à ces amateurs qui commencent à agacer le monde des pros.

Si Lozano n'y va pas avec le dos de la cuillère dans ses déclarations, ses joueurs conservent toujours cette simplicité et cette modestie qui font leur charme et leur force. Ces types-là sont épatants. « Avant chaque tour, on a bu deux ou trois bières

Ahamada tourmente Djetou. Nantes crée la surprise à Monaco.

Les Monégasques baissent la tête. Les Nantais sont passés par là.

Dutitre se joue du gardien nantais Landreau. Calais croit alors en son étoile.

Sibierski s'arrache et remet Nantes dans le droit chemin.

les veilles de match, avouent en chœur Gérard et Merlen. On y tient et on va se débrouiller pour le faire avant la finale. »

Landreau ne se trompe pas quand il déclare : « J'ai bien compris que ça ferait plaisir à certains si Nantes remettait les choses en place. » Son camarade Savinaud résume l'opinion générale : « Nous sommes les méchants contre les gentils amateurs. »

Il n'y a pourtant pas plus sympathiques, plus fleur bleue, que les Nantais confinés dans un contre-emploi qui leur convient mal. « Tout le monde veut voir Calais gagner », se désole Sibierski.

Pendant ce temps, à l'approche du soir d'espoir et du stade mythique, les Calaisiens continuent de rêver : « C'est irréel, merveilleux, magique. C'est une autre planète, un monde imaginaire. On pourrait se laisser griser. Pourtant, personne n'a disjoncté. » Schille résume bien le phénomène calaisien.

62 % des Français souhaitent la victoire de Calais, affirme un sondage. Mais 100 % des « non-Nantais » bondissent de leur siège quand Dutitre ouvre le score sur un corner de Merlen mal repoussé (34e).

Face à des Nantais tétanisés par l'enjeu, la première occasion a été la bonne. Comment ne pas croire alors à la force du destin ? Antoine Sibierski en décide autrement. En début de seconde mi-temps, Calais n'a plus le ballon. Da Rocha rate un centre de Touré. Sibierski le récupère et égalise en force (50e).

Nantes déroule son football, à petites touches brillantes, mais, selon une fâcheuse habitude, sans grande efficacité. Calais résiste courageusement sans jamais se désorganiser, sans jamais balancer.

Sur une faute de Baron sur Caveglia, ponctuée d'un magnifique plongeon de l'attaquant nantais, Calais redescend sur terre. M. Colombo siffle un penalty. « J'ai eu d'un seul coup l'impression que le Stade de France nous tombait sur la tête, dira l'impeccable Baron. Je n'ai pas la sensation

Baron accroche Caveglia. Le rêve des Calaisiens va bientôt s'envoler.

de commettre une faute, mais ça fait partie du jeu. Il faut l'accepter. »

Sibierski marque en force (90ᵉ). Schille a touché le ballon sans éviter l'irréparable : « J'avais tellement envie de le marquer, racontera Sibierski, que je pouvais avoir en face le meilleur gardien du monde, le plus inspiré, jamais il ne l'aurait arrêté. »

Sibierski est sans pitié pour Schille. La coupe reste à Nantes.

Nantes conserve sa Coupe. C'est le sixième doublé de l'histoire de l'épreuve. Le geste de Landreau est magnifique, qui associe son homologue calaisien Becque à la remise du trophée par le président Chirac.

Denoueix est soulagé : « A un moment, dit-il, on a a cru qu'on allait y avoir droit nous aussi. Il fallait refuser ça. »

Une fois les larmes essuyées, les Calaisiens sont tout simplement parfaits dans la défaite. Dans le flot de déclarations, retenons celle du défenseur Deswarte : « Les Nantais nous ont pris pour de vrais joueurs. Pas pour des tocards. Il ne faut pas jeter la pierre à l'arbitre. Il doit réagir dans la seconde. »

Et n'oublions jamais cette scène, tellement symbolique, « volée » au petit matin dans une boîte de nuit de la capitale. On y voit Caveglia croiser par hasard Réginald Becque et lui expliquer : « J'ai évidemment plongé après que Baron eut commis une faute sur moi. » Le capitaine calaisien lui ceint le cou d'une écharpe jaune et rouge et lui répond : « Mais ce n'est pas grave. Ce n'est qu'un fait du match. Que vaut une Coupe devant le plaisir et l'aventure que nous avons vécus ? »

Rideau et chapeau.

Landreau et Becque unis par le sport.

Toute la force de Monaco dans cette action de David Trezeguet qui emporte les Parisiens Lama et Rabesandratana.

Comme Sabri Lamouchi qui franchit le Lensois Ismaël, Monaco a vite pris de la hauteur pour survoler le championnat.

Monaco dans le 2000

Les prophètes du dernier été des années 1900 n'annoncent ni cavalier seul ni apocalypse. Le plateau est riche, le choix difficile. Bordeaux le champion a fait son marché en Espagne, ramenant Ziani et Bonnissel de La Corogne. Avec le Lensois Vairelles, le Barcelonais Anderson et le Génois Laigle, Lyon a frappé fort. Si l'OM a perdu sa défense centrale Blanc-Domoraud, les arrivées de Dalmat, Perez, Diawara, Bakayoko, De la Pena donnent du corps à un ensemble impressionnant. Avec Simone le Parisien et l'Argentin Gallardo, Monaco a opté pour la subtilité.

Claude Puel champion en titre.

Et Paris, dont la saison précédente fut une longue torture, ne semble pas à la traîne. Benarbia, Robert, les deux internationaux brésiliens César et Christian ou le Nigérian Okpara, musclent un effectif en quête de rachat.

S'il fallait trancher dans cet embouteillage d'ambitions, l'OM s'imposerait d'une courte tête. Pires, nouveau capitaine, montre la direction. « On doit confirmer la saison dernière en gravissant la dernière marche », dit-il.

Un 3-0 à domicile contre Sedan et voilà Marseille en tête dans une sérénade de « on vous l'avait bien dit ». Lyon cale d'entrée sur son terrain devant Montpellier (1-2). « Les joueurs cadres ont bafoué leur football », rage l'entraîneur Bernard Lacombe.

Après deux journées, Monaco – nul contre Saint-Étienne et défaite à Lens – est treizième à 5 points du PSG, vainqueur à Rennes (3-1) et nouveau leader.

Tombeur de Metz (2-1), Paris réussit la passe de trois. Son entraîneur Philippe Bergeroo calme les esprits : « Nous ne pensons absolument pas à cette première place, déclare-t-il. Si nous terminons cinquièmes ou sixièmes, ce sera une bonne chose. » Le PSG panse encore ses plaies. Et Monaco évite la blessure. Il exécute Bastia (4-0), triplé de Trezeguet à la clé.

L'OM a du retard à l'allumage. Après un match nul au Havre (0-0), il est remonté trois fois au Stade Vélodrome par Saint-Étienne (3-3). « Il nous reste beaucoup de progrès à réaliser », constate l'entraîneur Rolland Courbis. Sans Laurent Blanc tout est plus sombre. « Il y avait des boulevards partout », soupire le milieu de terrain Luccin. Déjà, des destins se croisent. Monaco s'impose à Montpellier (3-2). Deux buts de Simone, un autre de Trezeguet évidemment. L'OM est tenu en échec à Lens (0-0) et Paris par Auxerre au Parc des Princes (1-1). « C'est un miracle de ne pas avoir perdu », reconnaît Lama. Rodriguez a égalisé à la 85e minute.

Paris se rend à Lyon avec 3 points d'avance. Il capitule sur un penalty d'Anderson. Benarbia et Robert ont été expulsés. Triste doublé. Victorieux du Havre, Auxerre rejoint les Parisiens. Guy Roux entonne son refrain préféré et rabâché : « On a 10 points. Le quart de ce qu'il nous faut pour assurer le maintien. C'est inespéré. »

Après cinq journées, seul l'OM est invaincu, mais il vient de concéder un nouveau match nul à domicile contre Bastia (1-1). Le président Robert Louis-Dreyfus trouve que « Courbis parle trop et se met la pression tout seul ». Le président délégué Yves Marchand tempère : « Pas question de demander à Courbis de partir. »

Vainqueur de Troyes 3-0 (deux buts de Trezeguet, un but de Simone forcément), Monaco côtoie Paris et Auxerre sur le devant de la scène.

Le mouvement perpétuel des transferts fait rage. Gourvennec et Decroix quittent l'OM pour Montpellier, où les Marseillais partent dans la foulée subir leur première défaite (3-1).

Contre l'insaisissable Gallardo, le Parisien Benarbia fait ce qu'il peut.

La main passe et repasse. Paris bat Bordeaux (2-1). Rennes repousse Monaco (2-1). Le jeune Tony Sylva, malheureux remplaçant de Barthez blessé, encaisse deux buts inscrits pas ses propres défenseurs. Lyon et Auxerre ne se départagent pas (0-0). Le PSG reprend les commandes.

Un match nul des Parisiens à Strasbourg (1-1), et voilà Lyon qui pointe le bout de ses griffes après un tonitruant succès à Bordeaux (3-1). L'entraîneur lyonnais Bernard Lacombe est pourtant perplexe : « En début de saison, raconte-t-il, on lisait qu'on avait qu'à entrer sur le terrain pour être champions. Mais ce n'est pas ça. Il y a au moins six ou sept concurrents. »

Lesquels se déchirent et s'entre-déchirent. Monaco fait exploser le PSG au Parc des Princes (3-0). Bordeaux bat Auxerre (1-0). Avec un pauvre match nul (0-0) à domicile contre Strasbourg, Lyon prend seul la tête. « C'est une maigre consolation à côté des 2 points perdus », soupire Lacombe.

Le championnat est devenu dingue. Débouchant de nulle part, Sedan le promu prend provisoirement la tête en battant Troyes (2-1) dans une véritable piscine. L'automne est là.

Le lendemain, force reste aux gros bras. Au bout d'un match tendu comme un arc et qui va nourrir un désagréable contentieux, Monaco se défait péniblement de Lyon grâce à un but de Gallardo. A la Beaujoire, Paris donne le tournis à Nantes (0-4). Auxerre, où Diomède fête son retour en marquant deux buts, écarte Lens (3-2) où François Brisson débute comme entraîneur.

Les Bourguignons ont le vent en poupe. Ils franchissent seuls en tête le cap de la dixième journée après une victoire à Strasbourg (3-1). « Je ne serai pas encore au chômage demain », se réjouit Guy Roux.

Derrière Auxerre et l'OL, l'OM, vainqueur au Parc des Princes (2-0), rejoint le PSG et Monaco à la troisième place. « On a gagné en jouant bien face à une équipe moyenne, explique Courbis. On a un groupe de qualité. »

L'OM diesel semble enfin relancé. Illusion. Quelques jours plus tard, il reçoit l'OL. « Il faut toujours surveiller Anderson, ne pas lui laisser le moindre espace », a expliqué le défenseur William Gallas. C'est pourtant lui qui offre la balle de l'unique but du match au Brésilien.

Vainqueur de Bastia (3-1), Auxerre caracole. Guy Roux n'est pas dupe : « Auxerre est un leader fortuit », estime-t-il.

Mais c'est parce qu'un véritable déluge impose le report de leur match à Monaco que les Auxerrois laissent la première place à Lyon, vainqueur de Nancy (2-1). La grosse affaire de cette douzième journée se traite au Parc Lescure où Bordeaux et l'OM se retrouvent. L'un vient de gagner à Moscou, l'autre de battre Manchester. Bordeaux s'impose (2-1) sur une tête piquée de Laslandes (86e). « Comment faire mieux que ce qu'on a fait pendant vingt et une minutes », s'interroge tristement Courbis en se référant à une entame royale ponctuée par un but de De la Pena. Il ajoute qu'il compte « accompagner l'OM pendant encore un bout de temps ».

Dans ce grand tricotage, une maille à l'endroit une maille à l'envers, Lyon perd à Sedan (2-0) et Auxerre bat Montpellier (2-1). Avantage Auxerre. Monaco se balade à Nantes (3-0), Paris coule au Havre (3-1) et l'OM écrase Strasbourg (4-1). Le président Marchand en profite pour une mise au point musclée : «Je ne vais pas dire à Courbis comment entraîner les joueurs. Je lui demande juste d'aller en quart de finale de la Coupe d'Europe et de finir dans les trois premiers du championnat.»

Le match nul obtenu à Monaco (1-1) doit le rassurer. Selon Courbis, l'OM a fait «un gros match». Auxerre s'incline à Nantes (3-1) pendant que Lyon écarte Le Havre (3-0). «L'AJA n'est plus leader, explique Guy Roux aux journalistes. Comme ça, vous ne me poserez plus la question sur le sujet avant longtemps.» Le sorcier d'Appoigny ne se trompe pas.

Monaco met le turbo. Il s'impose à Nancy (2-1). L'AJA dérape à domicile contre Troyes (1-0) et Saint-Étienne freine Lyon (1-1). «Lorsque l'on voit notre programme, explique Claude Puel l'entraîneur monégasque, on se dit qu'il ne faut pas s'enflammer. Il y a plutôt de quoi prendre peur.»

Monaco est encore à 1 point de Lyon, mais 61,8 % des joueurs de D1, sondés par *France Football*, le désignent comme leur favori pour le titre. Pour les remercier, l'ASM prend seule la tête et s'empare du titre symbolique de champion d'automne. Un succès sur Sedan (2-1), un autre au Havre (4-1), pendant que Lyon bat Lens (1-0) puis s'incline à Bastia (3-0) et le tour est joué. Plus personne ne reverra les Monégasques avant la ligne d'arrivée.

A cet instant de la saison, ce sont plutôt les problèmes d'un OM en folie qui agitent le football français. Une défaite au Stade Vélodrome contre Auxerre (0-1) a déchaîné les supporters contre Courbis et donné le coup d'envoi de son exécution capitale. «Je ne peux pas être fier du boulot que j'assume. Les insultes et les sifflets sont logiques», a-t-il affirmé après ce revers. Le couperet tombe quelques jours plus tard, au terme d'une défaite en Ligue des champions contre la Lazio. «Je suis malheureux, confesse Courbis, mais je pense que c'est la meilleure solution.»

Pour ce 45e changement d'entraîneur à Marseille depuis 1945, l'ancien international Bernard Casoni est prié de monter au front. Le président Marchand lui établit son ordre de mission : «Finir dans les trois premiers du championnat.» L'OM est alors neuvième. Sa terrible dégringolade ne fait que commencer.

Avec 2 points d'avance sur l'OL, Monaco n'a pas encore de marge. Son match en retard victorieux contre Auxerre (2-0, deux buts de Gallardo) le hisse 5 points devant Lyon. Le PSG est à 6 points, Auxerre à 7 points.

Très vite, Il apparaît que Monaco n'a plus de rival. Lyon s'incline chez lui devant Troyes (3-1). «Un hold-up», reconnaît Alain Perrin, l'entraîneur troyen.

Après avoir battu Lens (2-0, deux buts de Trezeguet), Monaco bute sur Bastia à Furiani (1-0). Le PSG ne lâche rien contre les équipes de second rang. Il revient à 3 points après un triplé de Christian à Metz (3-1). Un exploit masqué par celui de son compatriote Alex, qui marque quatre buts contre l'OM, écrasé à Saint-Étienne (5-1). C'est le 109e quadruplé en D1

Ce jour-là, le Brésilien de Saint-Étienne, Alex, est un vrai fauve. Il inscrit quatre buts à un OM à la dérive.

Marlet et les Auxerrois se jouent des Lyonnais. Mais les Bourguignons s'effondreront en fin de saison.

depuis 1945. Les supporters marseillais s'illustrent de triste façon au stade Geoffroy-Guichard, puis le lendemain au centre d'entraînement de la Commanderie en agressant les joueurs.

Ce jeu de massacre rebondit sur le terrain où l'OM perd de nouveau chez lui contre Lens (2-1). La trêve est la bienvenue. Elle seule peut interrompre cette chute sans fin.

Loin de ce genre de tracas, Monaco franchit le cap de l'an 2000 avec 5 points d'avance sur l'OL et 6 sur le PSG. « Rien n'est acquis », estime Puel.

Un millénaire et deux matchs plus tard, l'affaire est quasiment classée. Une promenade de santé à Troyes (4-1), un succès facile contre Rennes (3-1) et voilà Monaco nanti de 10 points d'avance sur Lyon, Paris et Auxerre. Les Monégasques ont conquis le championnat à la hussarde.

Derrière, c'est la débandade. Lyon perd à Auxerre (2-0) après avoir arraché un match nul à Paris (2-2). « Si on reste sérieux, il n'y aura pas de problème. On ira au bout », estime Barthez.

Dans la lutte pour la place de dauphin, le PSG est efficace. Il est seul deuxième au terme d'un succès contre Strasbourg (4-2). Christian a marqué quatre fois, 110e quadruplé de la série et dernier de la saison. « Cela ne m'était jamais arrivé, même au Brésil », confesse-t-il tout étonné.

C'est en ultime rival que le PSG se présente au stade Louis-II afin d'abattre sa dernière carte pour le titre. Deux fois Paris touche les poteaux, par Leroy (26e) et Christian (27e). Puis Robert est expulsé (45e). Monaco finit par s'imposer sur un but de Trezeguet (84e).

Monaco n'a plus rien à craindre. C'est une autoroute qui l'attend. « En deux ou trois occasions, on a eu de la réussite, reconnaît Lamouchi. Il en faut pour aller au bout. »

La défaite à Lyon (2-1) passe du coup par pertes et profits. Mais pas le règlement de comptes étouffant et déprimant, au cours duquel Gallardo est pris pour cible et Anderson expulsé pour une horrible faute sur l'Argentin. Puel parle de « traquenard ».

Anderson présentera ses excuses et le milieu de terrain Philippe Violeau concluera cette foire d'empoigne par ce terrible aveu : « Avant le match, j'avais dit qu'il fallait redevenir féroce. On l'a été. »

Monaco survivra. Le championnat également. Première place exceptée, il a rarement été aussi serré, aussi réjouissant, aussi terrorisant également pour une bonne dizaine de formations.

L'OM s'incline à Metz (2-0). Rendu fou de rage par une décision arbitrale, Porato est expulsé à la mi-temps. Il sera suspendu quatre matchs. Casoni garde le moral : « Je suis très satisfait des mes joueurs, dit-il. Ils se sont battus jusqu'au bout. »

Trois jours après une horrible élimination en Coupe de France contre Gueugnon (3-4), l'OM reçoit le PSG, qui est bien la seule équipe à faire encore des complexes face aux Marseillais. Ceux-ci s'imposent largement (4-1). Casoni avait prévenu : « Paris, c'est spécial. Si on doit mourir sur le terrain, on mourra sur le terrain. » « On a mangé notre pain noir », affirme un peu hâtivement le défenseur Perez.

Lama a commis deux grosses erreurs. Comme son collègue lyonnais Coupet lors de la déroute de son équipe à Nantes (6-1). « Je ne suis pas un robot », dit-il pour s'ex-

Brando le Marseillais et Benarbia le Parisien. Destins croisés.

Une embellie pour l'OM qui adore jouer contre le PSG. Au Stade Vélodrome, Maurice trompe un Lama peu inspiré.

Brando et Gallardo dans un duel entre l'OM et Monaco qui va dégénérer.

cuser. «J'ai honte, dit Lacombe. J'espère que les garçons aussi.»

Quand Monaco bat Bordeaux (1-0), il n'est pas incongru de penser qu'un passage de témoin s'est produit.

«On peut toujours tomber comme en cyclisme», affirme Simone. Mais il s'agit de football et les Monégasques possèdent 13 points d'avance à huit longueurs de l'arrivée.

Derrière, c'est le grand embouteillage. Le PSG, Lyon et Auxerre sont à égalité. L'incroyable Sedan les suit à 1 point.

L'OL se détache en battant l'OM (2-0) au bout d'un match illustré par deux expulsions et dix cartons jaunes. L'OM est treizième. Puis quatorzième après une nouvelle débandade à domicile contre Bordeaux (0-2). Christophe Dugarry, passé d'un club à l'autre à Noël, s'est fait copieusement siffler. Il a joliment répondu en marquant un but. Casoni parle d'une «saison galère». L'OM n'a que 1 point d'avance sur Troyes, premier relégable.

Il chute encore à Strasbourg (3-1) où Dumas marque un ahurissant but décisif contre son camp. «C'est un scénario catastrophe. L'OM est en danger», alerte Pires. Comme d'habitude, Casoni trouve qu'il n'a «rien à reprocher à ses joueurs qui se sont bien battus».

L'OM reçoit maintenant Monaco qui le devance de 26 points et sera officiellement sacré champion en cas de victoire.

Marseille s'impose (4-2) après un effroyable affrontement. Tous les coups sont permis. Même dans le couloir qui mène aux vestiaires où Gallardo est agressé par plusieurs personnes, dont l'entraîneur adjoint de l'OM Christophe Galtier. Les deux hommes sont expulsés par l'arbitre. Monaco paie au prix fort le talent un brin provocateur de son Argentin. Les sanctions sportives et les plaintes au pénal n'effaceront pas ces horribles moments dont le football sort sali.

«Ce fut un match d'hommes», affirme le capitaine marseillais Blondeau, qui s'est illustré en giflant Simone avant le coup d'envoi. D'hommes des cavernes sans doute.

C'est donc à domicile contre Nancy (2-2), huit jours plus tard, que Monaco décroche le septième titre de son histoire. Prso inscrit le but décisif à l'ultime minute. De l'équipe championne en 1997, il ne reste parmi les titulaires que Barthez et Djetou (Trezeguet n'était alors que remplaçant).

Derrière, Bordeaux a surmonté son dérapage en Coupe de France contre Calais. Les Girondins accumulent les victoires. Six de suite. A deux journées de la fin, les Girondins doublent Lyon vaincu à Lens (4-3) après avoir été tenu en échec par Saint-Étienne (0-0). Ils s'emparent ainsi d'une troisième place qui peut ouvrir les portes de la Ligue des champions.

Assommé par Gueugnon en finale de la Coupe de la Ligue, le PSG a la force de s'imposer à Bastia (2-1). Aucune équipe n'y était parvenue depuis plus d'un an. Lama a arrêté un penalty. Il a été héroïque. «S'ils ne recrutent pas huit joueurs, ils ne peuvent pas faire la C1», juge un peu dépité l'entraîneur corse Frédéric Antonetti.

Paris va pourtant obtenir son ticket pour cette C1. Il s'impose à domicile contre Montpellier la lanterne rouge (3-0), dans un match qui marque les émouvants et magnifiques adieux de Bernard Lama au Parc des Princes. «Ce qui s'est passé entre nous depuis huit ans, c'est de l'amour», lance-t-il à ses supporters qui lui réservent une interminable «standing ovation».

Pendant ce temps, Bordeaux s'incline à domicile contre Lens (2-1). Cet impensable faux pas lui coûte très cher, car Lyon a battu Bastia 2-1 et redevient troisième.

La dernière journée est poignante. En concédant le nul contre Nancy (2-2), l'OM s'est exposé au pire. Casoni parle encore de «saison galère».

Il s'en faut de deux petits buts qui manquent à Nancy pour qu'elle ne vire à la catastrophe pure et simple. Un doublé du

Trezeguet domine ici Abardonado, mais Monaco passe une sale soirée à Marseille.

vétéran irlandais Cascarino contre Auxerre permet aux Lorrains d'espérer jusqu'au bout. Mais avec 42 points, un total qui lui aurait valu la neuvième place un an plus tôt, Nancy descend d'un étage. Car Rennes bat Metz (2-0), Nantes se sauve au Havre (1-0), Troyes arrache 1 point contre Paris (2-2) et, surtout, l'OM obtient le match nul à Sedan (2-2).

Un but de plus pour les Ardennais et l'OM plongeait. Ce qui n'empêche pas Casoni de faire le beau : « Au fond, j'étais persuadé que rien ne pouvait nous arriver. » Il aurait pu le dire plus tôt.

Première place exceptée, tout se joue sur un fil. Lyon frôle l'énorme dérapage à Montpellier qui égalise (2-2) à la 83e minute. A cet instant, Bordeaux mène à Bastia et récupère une troisième place qu'il ne conserve qu'une minute : un coup de poignard signé Prince. L'entraîneur bordelais Élie Baup trouve ce dénouement « rageant, frustrant », mais n'oublie pas que son équipe, qualifiée pour la Coupe de l'UEFA, a été « longtemps à la traîne ».

Tout le monde, supporters compris, termine épuisé. Physiquement et mentalement. Le record de spectateurs est pulvérisé (22 324 de moyenne par match). La France du foot a adoré ce championnat-psychodrame ouvert à tous les vents.

Des adieux pleins d'émotion pour Bernard Lama qui quitte le Parc des Princes et le PSG à la fin d'une superbe saison.

Le saut de l'ange pour Barthez. Il s'en va de Monaco sur un ultime triomphe.

Guindés, les Monégasques ? Pas quand ils fêtent un titre de champion.

29 CHAMPIONS

Pour sa première saison complète comme entraîneur, Claude Puel n'a pas fait les choses à moitié. A 38 ans, ce Castrais d'origine, qui a effectué toute sa carrière professionnelle à Monaco (485 matchs en D1), est sorti magistralement du rang, faisant presque oublier son prédécesseur Jean Tigana.

Champion de France en 1982 et 1988, et vainqueur de la Coupe de France en 1991, cet ancien milieu de terrain obscur et travailleur est un battant né : « Joueur, raconte-t-il, je ne concevais pas que l'on ne donne pas tout, même à l'entraînement pendant les petits matchs. Je gueulais. On se prenait la tête. Je le reconnais, j'étais intolérant et par rapport au groupe j'étais un peu en porte-à-faux. »

Devenu entraîneur et demeuré introverti, « vous ne lirez jamais rien sur mon visage, dit-il, je vis tout cela intérieurement », il parle souvent de « rigueur, d'exigence et de discipline ». Puis prend bien soin d'ajouter que « tous les systèmes de jeu sont bons à partir du moment où l'entraîneur sait faire passer le message ».

Pour conquérir le titre de champion, Claude Puel a utilisé vingt-huit joueurs.

GARDIENS

Fabien Barthez, 28 ans, 24 matchs.
Tony Sylva, 25 ans, 6 matchs.
Jean-Marie Aubry, 31 ans, 4 matchs.
Patrice Luzi, 20 ans, 1 match.

DÉFENSEURS

Willy Sagnol, 23 ans, 26 matchs.
Philippe Christanval, 21 ans, 25 matchs.
Rafaël Marquez, 21 ans, 23 matchs, 3 buts.
Martin Djetou, 25 ans, 22 matchs.
John Arne Riise, 19 ans, 21 matchs, 1 but.
Philippe Léonard, 26 ans, 19 matchs, 2 buts.
Pablo Contreras, 21 ans, 17 matchs.
Bruno Irles, 24 ans, 8 matchs.
David Di Tommaso, 20 ans, 7 matchs.
Christophe Pignol, 30 ans, 5 matchs.
Julien Rodriguez, 21 ans, 2 matchs.

MILIEUX

Ludovic Giuly, 23 ans, 33 matchs, 5 buts.
Sabri Lamouchi, 28 ans, 32 matchs, 3 buts.
Marcelo Gallardo, 24 ans, 28 matchs, 8 buts.
Francisco Da Costa, 25 ans, 28 matchs, 1 but.
Pontus Farnerud, 19 ans, 15 matchs.
Sylvain Legwinski, 26 ans, 10 matchs.
Salif Diao, 23 ans, 1 match.
Grégory Lacombe, 18 ans, 1 match.

ATTAQUANTS

Marco Simone, 31 ans, 34 matchs, 21 buts.
David Trezeguet, 22 ans, 30 matchs, 22 buts.
Dado Prso, 25 ans, 20 matchs, 2 buts.
Moussa N'Diaye, 21 ans, 13 matchs, 1 but.
Wagneau Eloi, 26 ans, 9 matchs.

Anderson ressort ses griffes

« Je ne vais pas mentir. Ce titre me comble vraiment de joie. » Le Brésilien Sonny Anderson n'a pas l'hypocrite pudeur de ces buteurs qui affirment éprouver autant de plaisir à marquer qu'à faire marquer leurs équipiers. Il revendique haut et fort son égoïsme de grand fauve prédateur. « Après chacun des derniers matchs, je demandais tout de suite si Trezeguet et Simone avaient inscrit des buts », avoue-t-il.

Anderson (32 matchs disputés) a donc coiffé sur le poteau les deux Monégasques, et Lyon se réjouit de l'avoir sollicité à Barcelone pour le faire revenir dans notre championnat contre la « modique » somme de 116 millions de francs.

L'ancien joueur de Vasco de Gama et de Guarani, que Bernard Tapie avait déniché au Servette de Genève pour l'attirer à Marseille en 1993, a prouvé qu'il était toujours ce joueur de grands espaces au démarrage foudroyant et à l'efficacité impressionnante des deux pieds.

Déjà sacré meilleur buteur (21 buts) en 1996 sous le maillot de Monaco, Anderson a porté son total à la fin de la saison 1999-2000 à 91 buts en D1. Le tout en 141 matchs. Au début de la saison 2000-2001, il était fermement attendu dans le club des 100 buts en première division, une rareté à l'époque de l'arrêt Bosman et de l'exil des meilleurs attaquants.

Le Brésilien, qui ne s'est jamais véritablement imposé au Barça (6 buts en 1998-1999) en dépit de la conquête de deux titres de champion et d'une Coupe d'Espagne, a retrouvé dans l'Hexagone un territoire de chasse à sa convenance. « J'ai bien fait de revenir en France », a-t-il souvent répété. A 29 ans, il ne désespère pas de marcher sur les traces du grand JPP. Papin a été sacré cinq fois meilleur buteur. A Anderson de jouer et de marquer.

Anderson, buteur sur le retour.

En attendant, voici le récit de ses 23 buts, un de plus que Wiltord en 1998-1999.

LYON-RENNES (3e journée)
1 – Servi dans l'axe par Carteron, Anderson lobe le gardien rennais Malicki de la tête et marque dans le but vide (30e).
Lyon-Rennes : 2-2

LYON-PARIS SG (5e journée)
2 – Lama accroche Anderson. Le Brésilien transforme lui-même le penalty en force sur la droite (51e).
Lyon-Paris SG : 1-0

BORDEAUX-LYON (7e journée)
3 – Vairelles talonne pour Anderson qui se présente seul devant Ulrich Ramé. Il marque d'un puissant tir croisé du gauche (10e).
4 – Carteron lance Anderson en profondeur. Le Bordelais Grenet rate son intervention. Le Brésilien bat Ramé, sorti au-devant de lui, d'un tir en extension du bout du pied (67e).
Bordeaux-Lyon : 1-3

LYON-NANTES (10e journée)
5 – Lancé par Malbranque à 25 mètres des buts nantais, Anderson accélère. Il échappe à Piocelle, Savinaud et Olembé avant de tromper Landreau d'une frappe tendue du gauche (50e).
6 – Anderson lance Vairelles sur la droite. Il réceptionne au second poteau le centre brossé de son équipier et marque d'une puissante frappe du droit qui heurte le poteau avant de franchir la ligne (90e).
Lyon-Nantes : 2-0

MARSEILLE-LYON (11e journée)
7 – Surpris par une relance de Porato, le défenseur marseillais Gallas tergiverse. Anderson lui chipe le ballon dans les pieds

Sale soirée pour le gardien bordelais Ramé qu'Anderson trompe deux fois.

et file seul vers Porato qu'il trompe d'un tir croisé du droit (36e).
Marseille-Lyon : 0-1

LYON-NANCY (12e journée)
8 – Centre au cordeau de Caveglia au second poteau pour Anderson esseulé. Le Brésilien bat Laquait d'une reprise de la tête (33e).
Lyon-Nancy : 2-1

LYON-LE HAVRE (14e journée)
9 – Interception de Dhorasoo qui alerte immédiatement Anderson. De l'entrée de la surface, le Brésilien trompe le gardien havrais Hamel d'un tir lobé du plat du pied gauche (63e).
10 – Anderson intercepte aux 30 mètres une passe en retrait hasardeuse de Pouget. Il file vers Hamel qu'il trompe du plat du pied droit (82e).
Lyon-Le Havre : 3-0

SAINT-ÉTIENNE-LYON (15e journée)
11 – Centre de Dhorasoo que le défenseur stéphanois Mettomo dévie de la tête sur Anderson embusqué au second poteau. Le Brésilien marque en demi-volée de l'intérieur du pied droit (8e).
Saint-Étienne-Lyon : 1-1

LYON-LENS (16e journée)
12 – Faute de Pierre-Fanfan sur Vairelles. Anderson transforme le penalty (77e).
Lyon-Lens : 1-0

RENNES-LYON (19e journée)
13 – Corner tiré par Dhorasoo. Reprise de la tête victorieuse d'Anderson dans les 6 mètres (77e).
Rennes-Lyon : 1-2

LYON-METZ (20e journée)
14 – Long débordement de Delmotte sur l'aile gauche. Il se débarrasse de Gaillot et Kastendeuch, puis centre en retrait au point de penalty. Anderson, totalement démarqué, trompe tranquillement Letizi du plat du pied gauche (81e).
Lyon-Metz : 2-0

PARIS SG-LYON (21e journée)
15 – Corner de Laigle. Reprise de la tête d'Anderson qui surprend Lama (81e).
Paris SG-Lyon : 2-2

STRASBOURG-LYON (24e journée)
16 – Vairelles récupère un ballon mal repoussé par le gardien alsacien Debes. Il centre en retrait pour Anderson qui marque d'une frappe croisée du droit (77e).
Strasbourg-Lyon : 4-2

LYON-MONACO (25e journée)
17 – A l'arrivée d'un corner de Dhorasoo, Bak dévie le ballon du pied droit. Anderson récupère au premier poteau et trompe Barthez d'une pichenette du pied gauche (5e).
Lyon-Monaco : 2-1

LYON-MARSEILLE (27e journée)
18 – Profitant d'une mésentente entre Issa et Abardonado qui se gênent, Anderson s'empare du ballon et bat Trevisan d'un tir croisé de l'intérieur du droit (28e).
Lyon-Marseille : 2-0

LYON-SEDAN (29e journée)
19 – Débordement de Delmotte sur la droite du terrain. Son centre au cordeau est repris par Anderson qui marque aisément du plat du pied (90e).
Lyon-Sedan : 2-0

LE HAVRE-LYON (30e journée)
20 – Un centre de Malbranque dans l'axe aux 15 mètres échappe aux défenseurs normands. Anderson contrôle du pied gauche et marque d'un tir décroisé du droit (23e).
Le Havre-Lyon : 0-1

LENS-LYON (32e journée)
21 – Dhorasoo récupère un ballon perdu par Queudrue et alerte immédiatement Anderson en profondeur. Le Brésilien entre dans la surface et marque d'un tir croisé du droit qui rebondit devant Warmuz (10e).
22 – Faute d'Ismaël sur Dhorasoo. Anderson transforme le penalty en prenant Warmuz à contre-pied (25e).
Lens-Lyon : 4-3

MONTPELLIER-LYON (34e journée)
23 – Vairelles s'échappe et sert Anderson sur la droite du terrain. Le Brésilien reprend sans contrôle et lobe le gardien montpelliérain Riou (44e).
Montpellier-Lyon : 2-2

Un but au match aller, un autre ici au match retour. Sonny Anderson n'a pas fait de cadeau à l'OM son ancien club.

Amara Traoré affole Rabesandratana et la défense parisienne. En finale, les Gueugnonnais ont donné la leçon au PSG.

Gueugnon forge sa légende

Dupont sort du rang.

D'une quinzaine d'itinéraires tourmentés, ils ont fait une histoire unique et magnifique. Dans la nuit et sous la pluie qui ourle le Stade de France, les Gueugnonnais exultent. Les Forgerons n'ont pas simplement battu le PSG. Ils l'ont dominé, dépecé, laminé, plongé dans le plus noir des tourments.

En déployant un formidable jeu de mouvement, les joueurs d'Alex Dupont ont conquis leur Graal. En donnant une leçon de football à ceux censés y jouer mieux qu'eux, ils ont ouvert en grand les portes de leur gloire. Gueugnon, 9 000 habitants, chef-lieu de canton de la Saône-et-Loire, Gueugnon petit point sur une carte, Gueugnon l'industrieuse, Gueugnon la sérieuse, devenue Gueugnon la conquérante avec sa bande de gueux transformés en seigneurs.

Sur la ligne de départ, Gueugnon n'est qu'un anonyme parmi d'autres. Plus encore que le Red Star, club de troisième division (le National) qui s'est offert la peau de Lille, solide leader de deuxième division, lors du tour préliminaire (2-2, 4 tirs au but à 1).

Et le Red Star remet ça en 16es de finale contre Nîmes. A la fin du temps réglementaire, les deux formations sont à égalité (2-2). Entré à la 91e minute, Milton marque deux fois et fait couler de véritables larmes sur les joues des Crocodiles du Gard.

Beaucoup plus que le Red Star, ou Gueugnon qui s'impose à Niort (1-0, but de Roda) dans une indifférence quasi générale, ce sont Beauvais (National) qui élimine Le Havre (1-1, 5 tirs au but à 4), Sochaux (D2) qui se débarrasse de Rennes (2-0), et surtout Toulouse (D2), tombeur de Lens le tenant du trophée (3-2), qui défrayent la chronique.

Lens a pourtant mené 2-0. Le bourlingueur William Prunier l'a achevé au bout de la prolongation (112e). «Mon équipe a une âme», se réjouit l'entraîneur toulousain Alain Giresse.

La victoire de Bordeaux à Troyes (1-0, but de Legwinski) est moins surprenante. Elle marque le retour de l'enfant prodigue Christophe Dugarry, en rupture de Marseille, sous le maillot marine et blanc.

Dépouillé à la trêve de quelques forces vives, l'OM s'incline à Bastia (3-0) et cultive sa crise.

Au Parc des Princes, contre le PSG, Créteil inscrit trois buts magnifiques. Mais il en encaisse quatre. «Nous avons connu des difficultés, comme tous les clubs de D1 », constate Philippe Bergeroo, l'entraîneur parisien.

Des difficultés, Paris en éprouve encore au tour suivant à Châteauroux. Diawara ne le délivre qu'en fin de rencontre (74e). «Contrat rempli», conclut Bergeroo.

Le tirage au sort n'est pas tendre avec les costauds. Au premier tour, Auxerre s'est incliné face à Monaco. Cette fois, Lyon élimine Bordeaux. Tony Vairelles inscrit l'unique but du match.

Le coup de tonnerre de ces huitièmes de finale vient moins de Monaco, où Strasbourg s'impose (3-2) devant une formation soupçonnée d'avoir négligé cette compétition, que de Saint-Étienne, où le Red Star fait cavalier seul (3-1).

Obinna (39e), Fellahi (45e) et Milton (72e) sont les trois buteurs du soir. Pedron (60e) n'empêche pas les Verts d'être éliminés. «Je ne m'attendais pas à ce résultat, confesse incrédule l'ancien Stéphanois et entraîneur audonien Pierre Reppellini. Nous avons dû jouer à 150%. Le plus dur sera de convaincre mes joueurs d'arrêter de rêver.»

Et pourquoi ne rêveraient-ils pas ? Les Gueugnonnais le font bien après leur suc-

Christian et le PSG pensaient avoir fait le plus dur en éliminant Bastia en demi-finale. C'était sans compter sur Gueugnon.

cès sur Toulouse (Roda encore lui, 29e). «Les joueurs ont été récompensés de tous les efforts accomplis depuis le début de saison. Cette Coupe, c'est leur compétition à eux», explique Alex Dupont.

Au moment de recevoir Strasbourg en quart de finale, Gueugnon est sur un nuage. Huit jours plus tôt, les Forgerons ont frappé fort en Coupe de France, à Marseille où ils se sont imposés 4-3.

«Nous courons trois lièvres à la fois, mais nous sommes gourmands», affirme Dupont. Gueugnon joue bien, Gueugnon va de l'avant, Gueugnon séduit, Gueugnon impressionne.

Strasbourg ne voit pas le jour. En bon capitaine, le vétéran Amara Traoré (34 ans) ouvre le score (14e). Réduits à dix après l'expulsion de Rouxel (50e), les Alsaciens encaissent un second but signé Collin (89e), au bout d'un match qu'ils ont sans cesse subi.

«A Marseille nous avions tremblé jusqu'au bout, raconte le défenseur Sylvain Distin. Là, ça n'a pas été le cas.»

Gueugnon caracole et le Red Star est inarrêtable. A Sedan, sur un terrain inondé, les banlieusards gagnent leur billet pour la demi-finale. Akiana marque d'entrée (5e) ce qui sera l'unique but du match. «Fellahi m'a fait une bonne ouverture. Les dieux du foot ont donné le reste», racontera-t-il en oubliant presque le travail d'orfèvre de son pied droit.

Le gardien Branger protège ce butin en arrêtant un penalty de Di Rocco (38e). «Il ne faut pas s'enflammer, restons sereins», dit-il au coup de sifflet final. Sans doute a-t-il entendu Akiana déclarer : «Plus rien ne va nous arrêter.»

A l'ombre de ces exploits, les gros s'entre-déchirent. Bastia gagne à Lyon. Un but de Née durant la prolongation (101e). Le gardien corse Durand a évité le pire pendant les arrêts de jeu en sauvant devant Vairelles qui se présentait seul devant lui (91e). Il fait encore mieux lors des arrêts de jeu de la prolongation en stoppant un penalty du malheureux Vairelles (122e).

Au Parc des Princes, le PSG souffre beaucoup moins pour écarter Nancy (3-0). Madar, Muratti et Robert inscrivent les trois buts. «Très bon match, score normal», analyse Bergeroo.

Pour le derby parisien, il faudra attendre l'éventuelle finale. Le hasard choisit d'opposer Paris à Bastia et le Red Star à Gueugnon. Dans son Parc préféré, Paris tremble quand une frappe lointaine et détournée d'André trompe Casagrande (12e). Une reprise à bout portant de Rabesantratana (38e) le rassure. Les Parisiens dominent totalement la seconde mi-temps. Une action Christian-Leroy permet à ce dernier de conclure (64e). Christian inscrit lui-même, de la tête, le troisième but (75e). Si Petersen réduit le score en profitant d'une sortie ratée de Casagrande (92e), Madar anéantit immédiatement les ultimes espoirs corses (93e).

« Nous devons remporter cette Coupe, dit Bergeroo, mais ce n'est pas encore fait. Restons humbles tout en demeurant ambitieux. Il faut bien finir la saison pour éviter une grosse désillusion. »

Deux jours plus tard, un lundi, télé oblige, le PSG connaît enfin le nom de son adversaire au bout d'un insoutenable suspense.

Il ne manque que deux petites minutes au Red Star pour aller au bout de son rêve. Devant 6 000 spectateurs que la pluie n'a pas refroidis, Akiana ouvre le score de la cuisse en contrant Boniface (31e). Entré en jeu après le repos, Flauto égalise d'une superbe frappe de 20 mètres (54e). Un corner de Doukianté transformé en but par Fellahi (85e) et voilà le Red Star qui chante, le Red Star qui danse, le Red Star qui entre aussi un peu prématurément au Stade de France. Un coup franc, un démarrage de Roda, un centre en retrait freiné par Branger, une reprise à bout portant de Traoré (89e) et c'est Gueugnon qui respire in extremis.

« On savait qu'il ne fallait pas lâcher Traoré d'une semelle, se lamentera Fellahi. On peut s'en mordre les doigts. Je ne souhaite à personne de vivre ça. Je pensais pourtant que la lumière était sur nous. »

Touché au moral, le Red Star s'est vu trop beau trop tôt. Pourtant, il domine encore la prolongation. Seul devant Trivino, Meïté échoue sur le gardien de Gueugnon (117e).

Les tirs au but trancheront. Incroyables, pathétiques, époustouflants, ils mettront

Le gardien-buteur Richard Trivino, héros de la demi-finale contre le Red Star.

finalement face à face les deux gardiens de but quand les dix joueurs de champ auront tous shooté (deux échecs de part et d'autre).

Trivino repousse le tir de Branger. « Je savais qu'en cas d'échec la série continuerait. Ça m'a bien aidé », dira-t-il. Trivino n'a jamais tiré de penalty de sa vie. Son pied ne tremble pas. C'est un coup de canon qui expédie Gueugnon en finale. Le jeune gardien (22 ans) court comme un dératé vers ses supporters en hurlant : « Alors et là, je les avais les pieds carrés ? »

« C'est indescriptible, explique David Fanzel. Cette qualification montre aux gens qu'il est possible de jouer pour le plaisir, que l'argent ne fait pas tout. »

Le plus beau est donc à venir dans le grand stade de tous les bonheurs pavoisé de jaune et bleu.

Drôle d'époque où les petits n'ont plus peur de rien. « Faites-vous plaisir, a réclamé Dupont à ses joueurs. Ne pensez pas à gagner parce que je sais que vous allez gagner. »

Traoré entonne le même refrain : « On ne prend pas ce match comme un cadeau, mais comme une vraie finale où nous avons de réelles chances de nous imposer. »

Les Parisiens ne s'inquiètent pas outre mesure, même s'ils font preuve d'une courtoisie de façade. « Ce ne sera pas facile, affirme Bergeroo, mais nous ne pouvons pas échouer si près du but. »

Et Paris coule. Gueugnon dirige le jeu, Gueugnon tient le ballon. Les Parisiens errent. Gueugnon avance, Gueugnon tire au but. Paris ne se crée pas une occasion en 45 minutes. La reprise est moins molle. Christian est seul. Trivino dévie son tir. Sur le corner et la frappe de Yanovski, Traoré sauve son gardien (47e).

Gueugnon reprend son numéro d'Hercule. Esceth-N'Zi frappe de loin sur le poteau de Casagrande. L'Argentin Trapasso reprend en force et ouvre le score (65e). « J'ai beaucoup demandé à Esceth-N'Zi et Trapasso. Heureusement, ils courent un peu plus que Benarbia », dira cruellement Dupont.

L'Argentin Marcelo Trapasso devance Aliou Cissé pour terrasser le PSG.

Sylvain Flauto a achevé le travail. Les Gueugnonnais peuvent hurler leur joie.

Paris s'englue. Malgré une énorme occasion de Laurent Robert (70e), l'évidence se dessine. Gueugnon s'impose. En beauté. Entré en jeu un quart d'heure plus tôt, Flauto se lance dans une chevauchée solitaire qu'il ponctue victorieusement d'un tir croisé du gauche (91e). La leçon est sévère pour des Parisiens accablés. Honteux, leur président Laurent Perpère refuse de leur serrer la main lors de la remise des récompenses. Le directeur sportif Jean-Luc Lamarche évoque « une faute professionnelle grave ».

Traoré peut entraîner ses camarades dans le Kaluwa Luwa, une danse africaine d'allégresse. Gueugnon conquiert l'Europe, cinquième club français n'appartenant pas à la D1 à accomplir cet exploit. C'est la deuxième fois après Le Havre en 1959 qu'une équipe de seconde division gagne une Coupe nationale. « Si on m'avait dit cela en juillet dernier, j'aurais crié au fou », dit Dupont.

Traoré parle d'une « victoire de toute la D2 sur une élite qui nous snobe parfois ». « La France entière est fière de nous », affirme Boniface.

A Gueugnon, les cloches sonnent en pleine nuit. Plus de 12 000 personnes accueillent les héros trois jours plus tard dans un stade Jean-Laville en liesse. Gueugnon est devenue la saine et joyeuse capitale du pays. Calais peut prendre le relais.

15 POUR L'HISTOIRE

Richard Trivino (22 ans, gardien de but).
David Fanzel (33 ans, défenseur).
Éric Boniface (30 ans, défenseur).
Sylvain Distin (22 ans, défenseur).
Yohann Bouzin (25 ans, défenseur).
Xavier Collin (25 ans, défenseur).
Didier Neumann (22 ans, milieu de terrain).
Nicolas Esceth-N'Zi (22 ans, milieu de terrain).
Cédric Chabert (26 ans, milieu de terrain).
Marcelo Luis Trapasso (24 ans, milieu de terrain).
Fabien Weber (27 ans, milieu de terrain).
Stéphane Roda (26 ans, attaquant).
Amara Traoré (34 ans, attaquant).
Sylvain Flauto (22 ans, attaquant).
Alex Dupont (45 ans, entraîneur).

Soleil rouge

En Ligue des Champions, le capitaine Robert Pires montre le bon exemple. C'est lui qui marque le premier but contre Graz.

« Le tirage sera bon si l'on se qualifie. » Rolland Courbis, ou le bon sens à deux pas de chez vous. L'entraîneur marseillais n'est au fond pas mécontent du trio qui lui fait face. Certes, l'imposant Manchester United est tenant du titre, mais le Croatia Zagreb et Graz l'Autrichien ne semblent pas de taille à couper la route d'un OM dont l'effectif impressionne encore en ce début de saison.

Pourtant, au moment de recevoir Graz, la crise couve déjà sur la Canebière. Avec une seule victoire en six matchs de championnat, l'OM traîne à la dixième place. Il vient même de subir sa première défaite à Montpellier.

« La situation est grave », assène le défenseur Patrick Blondeau. « Nous ne sommes pas fiers de nous », ajoute le gardien Stéphane Porato.

A Manchester, l'OM fait bonne figure. Fischer, Luccin, Brando et leurs équipiers résistent longtemps aux assauts de Cole.

Face à un très faible adversaire, Marseille se relance en une demi-heure. Un tir de croisé de Pires (9e), une superbe action individuelle de Dalmat conclue à bout portant par Ravanelli (33e), c'est tout ce que l'on retient d'un match sans âme.

C'est déjà pas mal. « On doit faire beaucoup mieux dans les semaines à venir, estime Courbis. Ce ne sont pas ces 90 minutes qui vont me rassurer sur notre niveau, mais nous avons été meilleurs dans tous les secteurs. »

Le courant ne passe plus très bien entre l'entraîneur et ses joueurs. « On connaît les qualités et les défauts de Rolland, explique Blondeau. Nous lui avons demandé de travailler ensemble. » « Je passe par une période pénible affectivement et sportivement. Dans ma situation, le dialogue, ce n'est pas le plus passionnant », répond Courbis.

Mais l'Europe est une grande rassembleuse d'énergies. Alors, cap sur Zagreb. « Ce genre de rendez-vous, on le gagne avec l'expérience et le caractère », dit Ravanelli. En foi de quoi, au coup d'envoi, l'Italien est sur le banc, remplacé par le Malien Seydou Keita.

L'OM entre furieusement dans la partie. Bakayoko profite d'un centre en retrait de Dalmat pour ouvrir le score d'un tir croisé du gauche (5e). Fort de son avantage, l'OM recule ses bases et se laisse bousculer. Le ballon est croate ; les occasions et la maladresse aussi. Jusqu'à ce que Sokota résiste à la charge de Gallas avant de tromper Porato d'une frappe croisée (64e).

Le second but croate paraît tout proche. C'est pourtant l'OM qui arrache la mise. Un long centre de Dalmat se transforme en somptueuse reprise de volée du droit de Perez (77e). « Je ne me suis pas posé de question, dira l'arrière marseillais. J'ai essayé de placer plus que de frapper. C'est mon but le plus important. » Il reste à Porato à préserver ce succès par quelques arrêts de grande classe et à regarder un tir de Mumlek s'écraser sur son poteau gauche (87e).

« Je ne suis pas aveugle au point de ne pas avoir vu que nous sommes passés par un trou de souris », affirme Courbis. Pires est grandiloquent : « L'esprit de cette équipe n'a jamais changé, même au plus fort de la tempête. On se met en place tout doucement. »

Dans la foulée et avant de se déplacer à Manchester, l'OM s'impose à Rennes (2-1).

Tout va mieux lorsque les Marseillais débarquent en Angleterre pour défendre leur première place. De son côté, la bande à Beckham a d'abord concédé le match nul à domicile contre Zagreb (0-0) avant de s'imposer à Graz (3-0).

« Ce n'est plus le Manchester de la saison dernière », souligne Pires. Courbis veut décharger ses joueurs de toute pression : « Dans notre planning, j'ai pratiquement fait l'impasse sur ce match. » Ce que Porato explique à sa manière : « Vu ce qu'on a vécu depuis le début de saison et notre position dans la poule, c'est peut-être notre match le moins important. »

Si Manchester n'a plus sa forme du printemps, il affiche tout de même une série de 29 matchs de championnat consécutifs sans défaite.

« Avec la venue de l'OM, je sens enfin la fièvre et le parfum de l'Europe », dit sir Alex Ferguson, l'entraîneur anglais que la reine a anobli quelques mois plus tôt. « La victoire est essentielle », clame Beckham en réponse à Dalmat qui déclare : « Nous venons pour réussir un grand coup. »

Devant 55 000 spectateurs et 9 millions de téléspectateurs français, avec trois demis défensifs, Ravanelli et Bakayoko en pointe et Pires sur le banc, l'OM commence par souffrir sous les assauts conjugués de Yorke et Cole, les deux poisons de l'attaque anglaise. Porato accomplit un parcours sans faute.

L'OM n'attaque jamais et quand enfin il le fait, c'est parce que Bakayoko a chipé le ballon dans les pieds de Berg. L'Ivoirien file vers le but pour expédier une incroyable frappe du gauche en pleine lucarne (41e).

La seconde période est un assaut ininterrompu des champions d'Angleterre. Ils n'ont pas leur talent de l'année précédente, mais quelle volonté ! L'OM est aux abois. Il finit par craquer. Issa concède un coup franc et se blesse sur l'action. Pendant qu'il reçoit des soins, Beckham centre sur la tête de Stam, qui remet pour Cole dont le retourné acrobatique est une merveille (79e). Dans la foulée, Sheringham alerte Yorke. Sa remise de la tête trouve Scholes dans l'axe. C'est en rampant que le rouquin assomme l'OM (83e).

Ferguson est soulagé : « Je n'étais pas très confiant sur nos chances de renverser la situation, mais un match se gagne souvent grâce à la détermination », dit-il.

Courbis balance entre déception et fierté : « Au vu des occasions, Manchester nous était supérieur », déclare-t-il d'abord, avant d'ajouter : « Je ne suis pas habitué à féliciter mes joueurs après une défaite, mais là je n'ai pas hésité. J'aurais toutefois préféré les engueuler après une victoire. »

Les Olympiens n'ont que quelques jours pour préparer la revanche, ce qu'ils font piètrement en s'inclinant à domicile contre Lyon (1-0) sur une énorme erreur de William Gallas.

Andy Cole au plus haut des cieux. Son retourné acrobatique est un chef-d'œuvre, et Manchester cueille l'OM en fin de match.

Le grand soir de l'OM. Dalmat se joue de Beckham. Manchester est aux abois.

Manchester compte sur Keane et Giggs absents au match aller. L'OM mise sur la Bonne Mère et une embellie. Le champion d'Europe est invaincu depuis 18 matchs en Coupe d'Europe. Un de plus et il égalera le record de l'Ajax d'Amsterdam établi entre 1994 et 1996.

Avec cinq défenseurs et Ravanelli seul en pointe, l'OM en décide autrement. Au bout d'un long équilibre et d'une prestation remarquable de volonté, Marseille arrache la victoire en seconde période. Gallas percute. Il trouve le relais de Dalmat qui lui remet impeccablement le ballon dans la course. Le pointu du défenseur marseillais finit sous la barre de Bosnich (69e).

« D'habitude, je n'ai pas trop de chance devant le but, raconte le héros du jour. Je ne claque jamais, même à l'entraînement. Là, je n'ai pas cherché à comprendre. J'ai frappé fort. »

L'OM vient d'inscrire le 150e européen de son histoire. Il n'a plus qu'à s'arc-bouter sur son trésor. Manchester peut pleurer son record.

Au bout d'une formidable action William Gallas exécute le gardien anglais Bosnich.

Blondeau et Porato à la fête.

Avec Bakayoko le style fait le joueur. L'Ivoirien de l'OM marque un but contre le Croatia Zagreb dans un match sans enjeu.

« C'est difficile d'atteindre la perfection. Mes joueurs s'en sont rapprochés », jubile Courbis. Avec 9 points, l'OM est en tête de son groupe. La qualification est quasiment acquise. Ravanelli parle d'un « match extraordinaire ».

Il faut maintenant aller à Graz au moment où le fossé se creuse publiquement entre Rolland Courbis et le président Yves Marchand. « Moi, je n'emmerde personne dans ce qui n'est pas mon secteur », dit sèchement l'entraîneur.

Suspendu cinq matchs la saison précédente, Christophe Dugarry effectue enfin son retour européen. Il se souvient du match aller : « J'ai trouvé Graz faible techniquement. Avec une bonne performance de notre part, on doit passer. »

Au coup d'envoi, Dugarry est sur le banc. Graz ouvre le score par Mählich (18e). L'OM se laisse aller. Sévèrement touché à la jambe en début de seconde mi-temps, De la Pena est remplacé par Dugarry (50e). Un mal pour un bien, puisque ce dernier égalise immédiatement en reprenant un centre de Pires (52e). Une tête décroisée de Kocijan redonne l'avantage à Gaz (61e). Une formidable action individuelle de Dugarry ponctuée d'un tir en pivot (77e) remet l'OM à niveau une seconde fois. Il n'y en aura pas de troisième après le but victorieux de Kocijan (84e).

Manchester l'a emporté à Zagreb (2-1), ce qui élimine les Croates. Battu, l'OM est pourtant qualifié. Courbis garde de cette rencontre « un souvenir mitigé ». Dugarry ne cache pas sa satisfaction : « Ces buts vont me faire le plus grand bien. Je suis apaisé moralement. »

A 2 heures du matin, de retour à l'aéroport de Marignane, les Marseillais sont hués par des supporters. Dalmat résume cruellement la situation : « Ce résultat met la pression sur les épaules de Courbis. »

Une victoire (4-1) contre Strasbourg adoucit le climat avant la venue des Croates, qui espèrent encore arracher une troisième place qui les reverserait en Coupe de l'UEFA.

Pour ce match sans enjeu en ce qui les concerne, les Marseillais s'alignent sans Dalmat, Pires, Ravanelli (sur le banc), Maurice, De la Pena (blessés) et Blondeau (suspendu).

Manquant de motivation, ils encaissent un premier but de Mujcin (42e). Dugarry offre l'égalisation à Bakayoko (53e). En fin de match, Mikic croit décrocher la victoire et la Coupe de l'UEFA en inscrivant un second but (84e), mais Diawara égalise in extremis au bout d'une action confuse (89e). L'OM demeure invaincu à domicile en Coupe d'Europe depuis 1988.

« Pour une équipe qui manquait d'expérience, on ne s'est pas mal débrouillés », positive Dugarry.

L'OM a rempli son contrat. Il peut désormais se consacrer à la crise ouverte qui va gâcher toute la fin de sa saison.

Ravanelli fait ce qu'il peut, mais contre la Lazio l'OM redescend sur terre.

Face à Sensini et à la Lazio, futur champion d'Italie, Dugarry n'est pas à la fête.

Un coup d'épée dans l'eau

Les mots de l'après-tirage au sort n'annoncent pas toujours les maux du terrain. La Lazio Rome, alors leader du Calcio, le Chelsea des champions du monde « londoniens » (Deschamps, Desailly, Lebœuf) et Feyenoord Rotterdam, l'invité surprise, ne donnent pas véritablement la migraine à l'OM.

« On n'est pas favoris, mais ceux-là ne terminent pas forcément où on les attend », explique Rolland Courbis, entraîneur chahuté. Ravanelli ajoute : « La Lazio est favorite pour la victoire finale, mais, sans savoir pourquoi, je suis confiant. »

Il n'y a pourtant pas de quoi. A quelques jours du premier match à Marseille, contre la Lazio, l'OM hérisse le Stade Vélodrome en s'inclinant face à Auxerre (1-0). Le voilà neuvième à 9 points de Lyon. La Lazio, quant à elle, subit son premier revers de la saison contre la Roma (4-1). « C'est trop gros pour être vrai », souligne Courbis.

Mais tout est gros à Marseille en cette fin novembre. La colère, les défaites, l'ambiance délétère et malsaine. « Si on n'arrive pas à faire un résultat, je crains le pire », prophétise Courbis, qui entrouvre déjà la porte de sa prochaine sortie.

Tandis que bruisse la coulisse, côté terrain on se raccroche aux branches : « Nous sommes capables de rééditer le coup de Manchester », estime William Gallas qui veut croire aux vertus de la haute compétition, des impossibles défis. Venue de tous les horizons et conduite par le maître ès-coups francs Mihaijlovic, la légion romaine qui s'avance est véritablement impressionnante.

Pour Courbis, le début de la fin.

Beaucoup trop pour des Marseillais psychologiquement à la dérive. « Il arrive un moment où l'on ne sait plus quoi faire pour développer notre jeu », avoue Pires, capitaine déconfit. Tous les ingrédients de la catastrophe et de la crise sont en place.

L'OM n'a plus perdu à domicile en Coupe d'Europe depuis 1988. Ravanelli et Maurice sont sur le banc. Les premières vagues d'assaut sont timides. Si Marcheggiani bloque en deux temps un coup franc de Perez (8e), si Dugarry écrase une frappe (14e), Marseille ne se crée aucune véritable occasion en première période. Le doute s'insinue. Dès son entrée, Ravanelli manque d'ouvrir la marque (58e). C'est un chant du cygne. Sur un centre de Pancaro au second poteau, Stankovic domine Perez et marque de la tête (64e). Le pire est en vue. Seul face à Porato, Conceiçao rate le KO (68e). Il se rattrape vite fait. Servi par Salas parti à la limite du hors-jeu, il marque dans le but vide (75e). Quelques secondes plus tôt, un Italien avait repoussé sur sa ligne une tête de Ravanelli.

Diawara tire une morale classique de ce scénario ressassé : « C'est toujours comme ça avec les Italiens. A chaque fois que l'on croit pouvoir marquer, ils nous en mettent un ou deux sur des contres assassins. » Cet OM-là était facile à tuer.

Courbis parle encore de l'enjeu (« Tout se jouera lors des deux matchs contre Chelsea »), mais il n'est déjà plus concerné. « Je suis en entraîneur en difficulté », dit-il le soir-même. Le lendemain, il démissionne.

Désormais dirigé par Bernard Casoni, l'OM entame un chemin de croix d'autant plus long que ce second tour s'étale sur cinq mois.

Un pâle succès sur Le Havre (2-0) est trop vite perçu comme l'amorce du renouveau. « Nous ne venons pas à Rotterdam pour repartir bredouilles », affirme Casoni à la veille de ses grands débuts européens. « Avec de la détermination et le respect de l'organisation, on ne devrait pas avoir trop de soucis », estime Dugarry.

Les deux attaquants de Feyenoord Kalou et Cruz taillent des croupières dans l'arrière-garde d'un OM à la dérive.

Seulement cinquième de son championnat, Feyenoord est en pleine tempête. Ses joueurs vedettes se plaignent du manque d'ambition du club et clament leur désir de partir. Comme pour forcer le trait, dès la 6e minute le défenseur et capitaine Van Wonderen est expulsé pour une faute sur Maurice. Le boulevard qui s'ouvre devant l'OM mène hélas au cimetière des éléphants.

Même à dix, Feyenoord affiche bonne figure et se crée trois belles occasions en début de seconde mi-temps. L'OM est aux abois. Sur une action confuse, Fischer sauve devant sa ligne avant de se faire expulser (60e). L'exécution peut commencer. Cruz ouvre le score d'une superbe frappe enroulée de 20 mètres (72e). Perez est expulsé à son tour (78e), Konterman tire sur la barre (79e). Kalou l'imite, mais Bosvelt conclut de la tête (83e). Cruz enfonce le clou dans les arrêts de jeu (93e) après avoir dribblé Porato.

Casoni est dépité. « On n'a pas su montrer que nous étions des compétiteurs. » Le lendemain, il durcit le ton : « J'ai dit aux joueurs qu'ils devaient arrêter de se trouver des excuses. L'équipe manque de caractère et de leaders. Les jeunes vivent sur une autre planète. Leur priorité doit être le foot. Il y a d'autres périodes pour s'amuser et se consacrer au business. » Fermez le ban. Tout le monde en prend pour son grade. Pires se rebelle : « Casoni est allé trop loin sur la forme. Nous sommes suffisamment adultes pour convenir de nos limites actuelles. De là à nous faire passer pour des irresponsables... »

Entre défaites et révoltes, l'OM se prépare à franchir le cap de l'an 2000 dans un piètre état.

Le 29 février, au moment d'accueillir Chelsea, le club marseillais n'a plus tout à fait le même visage, mais il baigne toujours dans ses soucis. Modeste treizième avec 4 points d'avance sur le premier relégable, il ne pèse pas grand-chose face à une équipe de Chelsea qui compte vingt-quatre étrangers dans son pléthorique effectif.

Pour Deschamps et Desailly, 29 matchs européens à eux deux sous le maillot marseillais, le retour au Vélodrome n'est pas sans émotions.

« L'OM est une équipe de coups, rabâche Luccin qui brandit l'étendard d'une énième révolte. Jouer contre Deschamps ou Lebœuf est hyper-motivant. » « Nous avons encore nos chances. Il faut y croire », répète Casoni qui lance le gardien Stéphane Trevisan à la place de Porato blessé.

Avec une défense centrale à trois, composée de Luccin, Abardonado « le gitan » et Cyprien le nouveau venu, l'OM semble avoir oublié ses angoisses. Seul devant De Goy, Pouget, encore un nouveau, manque sa reprise (2e). Pires est plus habile quand, servi par l'ex-Parisien Leroy, il dribble Desailly et inscrit dans un angle très fermé (16e) le 100e but français en Ligue des champions. « Un but incroyable », commentera épaté Zola, l'Italien de Chelsea. « Je voulais réellement frapper, dira Pires aux vestiaires. Quand j'ai débordé, j'ai vu que le gardien avait anticipé un centre. »

Ce sera l'unique but d'une victoire dont Trevisan, 26 ans et prof d'éducation physique diplômé, sera l'artisan principal. Le remplaçant de Porato multiplie les sauvetages devant Flo (27e), Zola (83e), Sutton (87e) et Poyet (89e).

« Mon équipe est difficile à comprendre. Il faudrait qu'elle joue toujours contre des Parisiens ou des Anglais », affirme avec humour Casoni. « Cette rencontre doit rester dans nos têtes », dit Luccin. Sorti à l'heure de jeu, Deschamps parle du « plus mauvais match de Chelsea en C1 ».

Ajouté à l'étonnante victoire de Feyenoord à Rome (2-1), ce résultat relance le groupe. Les Hollandais ont 6 points, les Italiens et les Anglais 4, les Français 3. Le déplacement à Londres vaudra très cher.

Deschamps, Desailly et Lebœuf à Marseille : des Bleus qui perdent.

En 28 matchs européens, Chelsea n'a jamais perdu sur sa pelouse de Stamford Bridge. « Ils sont vexés. Il faut s'attendre à un gros match de leur part, à un véritable combat », estime Casoni.

Pires rappelle que l'OM n'est jamais aussi bon que lorsque personne ne l'attend. Mais Luccin est très prudent. « Nous avons pris tellement de coups sur la tête alors que l'on croyait enfin au déclic, que cette impression d'impuissance ne peut pas nous lâcher du jour au lendemain », soupire-t-il. Ce soir-là, l'OM ne montre pas mauvaise figure. Mais il ne se remet

Porato ne peut rien contre Denis Wise. Chelsea prend sa revanche et l'OM dit adieu à la Ligue des Champions.

Simone Inzaghi en pleine euphorie marque quatre buts. Luccin et l'OM défaillent.

pas du but encaissé en première période. Au départ, une erreur de Cyprien qui détourne de la tête un ballon dont Trevisan allait s'emparer. «Je crois que je ne suis pas bon en ce moment», reconnaîtra après coup le défenseur olympien. Flo récupère l'offrande, centre pour Zola qui remet sur Wise, dont le tir en pivot à bout portant est sans pitié (27e).

L'OM a plusieurs occasions franches d'égaliser. Ferrer dégage sur sa ligne une tête de Leroy (36e), Abardonado se présente seul devant De Goy, mais tire au-dessus (76e). De la Pena percute un coup franc sur le poteau (81e) et un ultime tir de Bakayoko frôle le montant (92e). «Cette balle, je la voyais dedans», dira l'attaquant ivoirien. Voilà bien le problème de cet OM auquel rien ne sourit. «On les a bousculés, on les a perturbés. Chelsea a eu de la chance, déclare Casoni. En gagnant à Lazio, tout pourrait se jouer contre Feyenoord.»

Un programme exagérément ambitieux pour ce Marseille dont la dérive est interminable. Jérôme Leroy est plus lucide quand il souligne : «Nous n'avons guère de chances de nous en sortir, car la Lazio est supérieure à Chelsea.» Tout le monde est alors supérieur à l'OM, qui s'incline à domicile contre Bordeaux (2-0) avant d'aller se faire sonner les cloches à Rome.

Dans le rôle du carillonneur, Simone Inzaghi, jeune frère de «Superpipo» le Turinois. Sa réussite confine à l'insolence. Profitant d'une ouverture de Nedved, il ouvre la marque en glissant le ballon entre les jambes de Porato (17e). En cette sombre période, tout se ligue contre l'OM. Quand Abardonado égalise, son but est sévèrement refusé pour un hors-jeu de position au départ d'une action à rebondissements (36e). Tandis que les Marseillais crient au scandale, Sergio Conceiçao propulse Inzaghi vers le deuxième but (37e). Et dans la foulée, Inzaghi réalise un hattrick en reprenant un ballon repoussé par Porato après un tir de Boksic (38e). L'OM se noie.

Si Leroy réduit la marque d'un joli coup de tête (50e), Inzaghi encore lui (71e) et Boksic (82e) transforment la défaite en raclée mémorable. Stéphane Porato n'y va pas par quatre chemins dans l'autocritique : «J'ai honte de moi, honte de penser que nos supporters se déplacent pour nous voir prendre cinq buts. J'espère que d'autres joueurs ont aussi honte de porter les couleurs de l'OM. Nous sommes incapables de nous comporter en hommes.»

«L'OM nain d'Europe», titre cruellement *France Football*. Il reste à expédier les affaires courantes contre Feyenoord qui doit absolument s'imposer pour espérer doubler la Lazio.

Les 10000 courageux supporters n'ont droit qu'à un OM mixte, à l'expulsion de Martini (75e) et à un spectacle de bien piètre qualité pour un score aussi vierge que nul (0-0). Un certain Gavanon en profite pour effectuer ses débuts européens en remplacement de Keita (87e). Il sera le seul à garder un souvenir ému de ce second tour de C1 qui aura vu Marseille boire le calice jusqu'à l'hallali.

Dehors Martini, adieu l'OM.

La conquête de l'Est

A Prague, Ramé donne le ton d'un joli premier tour bordelais en arrêtant un penalty tiré par Siegl.

Nouveau venu dans cette Ligue des champions créée en 1991, Bordeaux se réjouit secrètement d'un tirage au sort clément. Vainqueurs surprises du championnat 1999, les Girondins ont vite compris que le Sparta Prague, le Spartak Moscou et Willem II Tilburg (Pays-Bas) sont à leur portée. «Je redoute déjà les titres des médias qui vont nous mettre la pression en disant que c'est un groupe facile», déclare le capitaine Michel Pavon. Que dire d'autre en effet?

Bordeaux démarre à Prague. Ziani, Pavon et Bonnissel sont blessés. «Ce sera déclic ou des claques, il va falloir se faire mal», affirme l'entraîneur Élie Baup, encore mal remis d'une défaite au Parc des Princes contre le PSG.

Bordeaux a perdu de sa superbe, mais il ne rentre pas bredouille. Le gardien Ramé a regardé une tête de Lokvenk heurter sa barre transversale (15e). Il a détourné personnellement un penalty de Siegl (55e). Le défenseur Novotny a repoussé sur sa ligne un tir de Laslandes (19e). Les Girondins n'ont pas volé leur point. Pour la première fois de la saison, ils n'ont pas pris de but à l'extérieur.

«J'espère que ça va constituer un match référence», dit Ramé. Baup a apprécié la

Le gardien Mampaey et les défenseurs de Willem II sont débordés. Laslandes inscrit le premier des trois buts girondins.

« solidarité » de ses joueurs. Ils en auront encore besoin pour se défaire de Willem II quelques jours après une terrible défaite à domicile contre Lyon (1-3). L'Europe se paye au prix fort.

Johan Micoud a réuni ses camarades pour « crever l'abcès ». Baup est sceptique : « L'expression verbale, c'est bien, mais je préfère l'expression corporelle sur le terrain », dit-il dans un élan d'ironie amère.

L'entame du match ne le déçoit pas. Un coup franc de Martins détourné dans son propre but par le Hollandais Victoria (16e), un décalage de Micoud pour Laslandes qui dribble le gardien Mampaey, puis marque dans le but vide (21e) ; Bordeaux semble s'être mis hors d'atteinte. Erreur.

Abdellaoui réduit l'écart à bout portant avant la mi-temps (39e). Propulsé par Galasek, Sanou file dribbler Ramé et égaliser (69e). Quel coup de massue ! Le jeu girondin s'est délité. Baup lance Feindouno (73e). Le jeune Guinéen a offert le titre aux siens quelques mois plus tôt à deux minutes de la fin du championnat. Il leur donne cette fois-ci un premier succès en C1 au bout d'une formidable action personnelle conclue par un lob (82e).

« Nous sommes revenus avec beaucoup de courage, de tripes », soupire Baup soulagé. Feindouno reste modeste, mais ferme : « Je ne vais pas devenir un dieu pour autant. Je joue comme je le sens, à l'instinct. Je ne doute jamais. Maintenant, j'aimerais bien disputer un match entier. »

Vainqueur à Tilburg le premier jour (3-1), Moscou concède le match nul à Prague (1-1) avant de se rendre en Gironde. « Les Russes sont parmi ce qui se fait de mieux à l'heure actuelle en Europe », estime Baup.

Et, surtout, ils ne sont pas calculateurs. Le match est échevelé, ponctué de nombreuses occasions de part et d'autre. Le Spartak s'en crée trois durant les cinq premières minutes. Pourtant, c'est Bordeaux qui marque par Wiltord, qui reprend de plein fouet aux 6 mètres un retourné acrobatique de Martins (9e). Moscou riposte, Bordeaux ne mollit pas. Surtout en début de seconde période. Micoud perfore dans l'axe. Le une-deux avec Laslandes est millimétré. Micoud marque d'une tête piquée (56e). Moscou ne se rend pas. Sur un centre en retrait de Titov, Bezrodnyi réduit le score (64e). Bordeaux recule et tremble jusqu'au bout. Schirko s'échappe. Il est seul face à Ramé. Son tir frôle l'extérieur du poteau (89e). Bordeaux gagne et s'empare de la première place du groupe.

Baup est ravi : « Nous avons rarement affronté une qualité de jeu aussi impressionnante. Nous avons su nous hisser au niveau. On est dans les temps. »

Bonnissel a trouvé les Russes « vraiment très bons » et Martins reconnaît que Bordeaux a eu « un peu de réussite ». « On a vraiment eu peur quand ils ont inscrit leur but », avoue même Pavon. « Mais il ne faut pas s'endormir », rappelle Laslandes.

Quand les Girondins se rendent à Moscou pour le 100e match européen de leur histoire, ils restent sur six rencontres sans défaite. Ils vont bien, ils se sentent bien. Baup joue à se faire peur : « J'ai une hantise, car le Spartak est du niveau du Parme de l'an dernier qui nous a mis 6-0. » Mais Martins affirme : « On peut réaliser de grandes choses. »

Et Bordeaux va réaliser de grandes choses. Dominés, parfois ballottés, les Girondins marquent pourtant les premiers par Micoud d'un tir à ras de terre de 20 mètres (21e). Presque dans la continuité, Wiltord file seul au but pour perdre son duel avec Filimonov (23e). Les Bordelais ont le vent en poupe. Ils ne cèdent que sur un penalty de Tikhonov né d'un sandwich de Bonnissel et Diabaté sur Schirko (55e). Moscou est relancé. Moscou presse.

Bordeaux frôle l'asphyxie et rafle pourtant la mise. Corner de Martins, tête en déviation de Laslandes, tête piquée de Wiltord (76e). Un véritable coup de Jarnac. Moscou ne s'en remet pas.

Ce résultat, conjugué à la victoire de Prague à Tilburg (4-3), qualifie d'ores et déjà les Girondins pour le second tour alors qu'il reste encore deux matchs.

Baup est aux anges : « Tout a été presque parfait. Mes joueurs ont grandi tout en sachant s'inspirer des mésaventures du passé. L'objectif du début de saison était d'entrer dans les seize qualifiés de la C1. Il est atteint. » Et magistralement. « Par rapport à l'équité sportive nous disputerons les deux dernières rencontres pour les gagner », dit encore l'entraîneur girondin.

Baup néglige le facteur psychologique. « Il y a des gens qui viennent au stade pour voir du spectacle, des buts et la victoire de Bordeaux », rappelle judicieusement Martins avant la venue de Prague.

Eh bien, ceux-là auraient été mieux inspirés de rester chez eux. Les Tchèques repartent avec l'inexorable 0-0 qu'ils sont venus chercher et qui les qualifie. Quelques vagues occasions ont à peine troublé une soirée totalement soporifique.

Et il faut remettre ça à Tilburg. « Le match le plus important de la semaine, c'est Sedan », souligne Micoud en préambule, histoire de bien montrer que les Girondins ont mis l'Europe entre parenthèses.

Sans Ramé, Pavon et Laslandes, Bordeaux décroche son onzième match consécutif sans défaite en forme de nouveau 0-0, au bout d'une partie sans aucun intérêt qui dépose les Girondins à la deuxième place du groupe. « On s'est ennuyés », reconnaît Martins.

Vainqueur de Moscou 5-2, Prague devance Bordeaux à la différence de buts. Ce qui ne change strictement rien à la bonne affaire : « Trois victoires et trois nuls, c'est un excellent parcours », rappelle Baup.

« Dans la deuxième phase, on va rencontrer des équipes qui jouent plus au football que ça », affirme Micoud. Plus et mieux. Après un sympathique hors-d'œuvre, le plat de résistance s'annonce un peu moins digeste.

A Bordeaux contre le Spartak Moscou, Wiltord fait le grand écart. Au bout d'un superbe match, il offre la victoire aux Girondins.

A Valence, Bordeaux découvre la vraie C1. Afanou ne peut rien contre Lopez.

Contre Pavon, l'Espagnol Farinos taille sa route.

Fin 1999, Toldo n'est pas encore le héros de l'Euro. Mais le gardien de la Fiorentina repousse Micoud et les Girondins.

Les pieds tendres

Trop grands pour le premier tour, les Girondins paraissent soudain tout petits au pied du second. Avec Manchester, tenant du titre, la Fiorentina de Batistuta et Valence, invaincu lors du premier tour grâce à un double résultat nul (1-1) avec le Bayern de Munich, ils ont tiré de très gros lots. « C'est magnifique, réagit Élie Baup, entraîneur optimiste, nous allons affronter des représentants des trois plus grands championnats européens. »

« Des matchs comme ça, nous en avons rêvé », ajoute Pavon, le capitaine. Mais lorsqu'il s'agit de se rendre à Valence pour la grande première, le champion de France a triste mine. Il reste sur deux défaites en championnat, dont une à domicile contre Saint-Étienne (2-1). Son adversaire, même s'il n'est alors que quatorzième de la Liga, vient tout juste de régler son compte au Barça (3-1). Rien que ça.

Sans Alain Roche, éternel blessé, mais avec l'inoxydable Jocelyn Angloma, le Roumain Ilie et le célèbre avant-centre argentin Claudio Lopez dit « El Piojo » (le pou), Valence possède quelques atouts.

« Contrairement au championnat, chez nous, la Ligue des champions motive tout le monde », explique Angloma. « Nous sommes bien, souligne Baup comme pour nier l'évidence. Nous avons tout à gagner, même si nous faisons preuve de beaucoup d'humilité. »

La première mi-temps n'est pas spécialement inquiétante. Bordeaux récite sa leçon sans complexe et sans se méfier. Seul devant Ramé, Claudio Lopez frappe à côté (22e). Palop détourne en corner un tir de Wiltord (37e). Kili Gonzales tire sur le poteau (43e).

Pour Laslandes, un os nommé Repka.

Fort de son invincibilité au premier tour, le champion de France se croit à l'abri et craque brutalement. Farinos expédie un terrible tir lointain en pleine lucarne (60e). Claudio Lopez effectue un festival technique sur la droite. Son centre, effleuré par Saveljic, est exploité victorieusement par Ilie (67e). Et Bordeaux s'aperçoit soudain qu'il n'a jamais failli gagner ce match qu'il a déjà perdu. La somptueuse frappe sous la barre de Kili Gonzales (89e) est un fracassant coup de massue.

Les Girondins n'ont pas eu de véritable occasion de marquer. Ils ont été laminés. « Leur laisser l'initiative du jeu aurait été pour nous contre nature », se défend mollement Baup. A froid, il reconnaîtra qu'en se contentant de faire ce qu'il a fait Bordeaux ne pouvait guère espérer qu'un 0-0. « Il faut trouver des trucs pour ne pas couler définitivement », ajoute-t-il.

Pavon affronte la terrible réalité en face : « Nous avons tous été mauvais individuellement et collectivement. Si, à 35 mètres du but adverse, on a peur, il est inutile de venir jouer ces matchs. »

Il faut pourtant bien recevoir maintenant la Fiorentina privée de Batistuta suspendu. Entraînés par le célèbre Giovanni Trapattoni, les Italiens ne sont alors que huitièmes du Calcio.

Ulrich Ramé se nourrit de réalisme : « Objectivement, nous avons peu de chances de gagner la C1. On a vu la différence avec la première phase. Notre objectif était de passer le premier tour. Désormais, il faut jouer sans crainte. Pour le plaisir. » « Sur un match on peut créer la surprise, même si sur la longueur on ne peut pas tenir », estime Pavon.

Au Parc Lescure, Florence se présente avec une formidable triplette offensive formée du Portugais Rui Costa, de l'Argentin Balbo et de l'Italien Chiesa. Elle restera muette. Ramé repousse du bout du pied un tir de Chiesa, qui s'était présenté seul devant lui (38e). Ce sera la seule véritable occasion italienne. Bien en jambes,

Alicarte est dépassé. A Manchester, Teddy Sheringham inscrit le second but des Rouges.

les Girondins dirigent les débats. Di Livio stoppe sur sa ligne et de la main une tête de Micoud (9e). L'arbitre n'intervient pas. Toldo maîtrise une nouvelle tête de Micoud (38e).

En début de seconde période, Wiltord, Micoud et Pavon sont imprécis au moment de conclure. Bordeaux ne trouve pas la faille. Mais Pavon est ragaillardi : « Après Valence, on avait peur de finir avec zéro point. Là, on va aller à Manchester pour faire quelque chose. » « Nous sommes derniers, mais nous ne sommes pas éliminés », affirme Alicarte.

Pour l'instant, Bordeaux met l'Europe entre parenthèses le temps de franchir le cap de l'an 2000. La C1 hiberne. Quand mars attaque, les Girondins ne sont que sixièmes du championnat à 4 points de l'Europe. Le programme qui les attend est magnifique et effrayant : « Il s'agit d'une période excitante qu'il me tarde de vivre, déclare Élie Baup. On doit y aller sans calcul. Plein pot. En C1 il ne faut pas afficher profil bas. » « Ne pas se faire plaisir, jouer petit bras, c'est nul », insiste Ramé.

Large leader de la League anglaise, le champion d'Europe en titre n'est pas du genre à s'inquiéter pour la venue de quelques mangeurs de grenouilles qui vont en prendre pour leur grade.

Retardée de quarante-cinq minutes à cause d'énormes embouteillages, la rencontre adopte un tour classique et inexorable. Giggs ouvre le score en reprenant de l'extérieur du gauche un centre de Beckham (42e). A cet instant, Beckham a déjà tiré sur la transversale (17e) et Ramé réalisé un exploit sur une frappe de Cole (37e).

En vérité, Van der Gouw n'a pas eu un seul arrêt à effectuer quand Laslandes, lancé à la limite du hors-jeu, file seul vers lui avec une avance considérable sur les défenseurs anglais. Il va tirer. Il va marquer. Non ! craintif ou altruiste, il préfère servir Wiltord sur sa gauche. La passe est mal assurée. Wiltord tire à côté (58e). « Quand on fait ce choix, soupirera Baup après coup, l'important est que ça aille au fond. Après… »

Bordeaux ne se remettra pas de cet incroyable loupé. Il encaissera même un second but né d'un débordement de Giggs et d'une tête de Sheringham (84e).

L'élimination est presque inévitable. Dans le vestiaire, les langues se délient. Sous le vernis, l'écorce craque. Grenet expédie une petite phrase aussi assassine qu'une flèche empoisonnée : « Nous avons joué à dix. A neuf même. On a le droit d'être mauvais. On n'a pas le droit de ne pas se défoncer. »

Wiltord et Laslandes ne peuvent pas ignorer que ce sont eux qui sont visés. Pavon joue les pompiers : « Les gens concernés sont assez grands pour régler ça entre eux », dit-il.

Bonnissel est découragé : « On n'a pas le niveau des quarts de finale. C'est un autre monde. » Baup est accablé : « Il faut essayer de comprendre comment l'on devient une grande équipe. »

Au soir de ce cruel échec, les Girondins n'ont plus marqué en C1 depuis 464 minutes. Une éternité. La revanche se présente mal. « Ceux qui jouent contre eux ont toujours l'impression de pouvoir s'imposer et, à la fin, les Anglais gagnent », soupire Baup presque découragé par avance. La rencontre ne va pas améliorer son moral.

Pourtant, l'entame est excellente. « Pourquoi ne pas essayer de marquer dès notre première occasion afin de les faire douter », avait suggéré Micoud. Avec un tir lointain de Pavon et une énorme bourde de Van der Gouw (9e), ce fantasme

Mickaël Silvestre est au sol. Wiltord a des ailes. Mais Bordeaux s'incline à deux reprises devant Manchester.

devient une réalité. Bordeaux insiste. Micoud et Wiltord inquiètent Van der Gouw. C'est à ce moment que Laslandes disjoncte. Il commence par enguirlander un juge de touche. L'arbitre voit jaune. Une minute plus tard, il enchaîne par un tacle spectaculaire sur Beckham. L'Anglais en fait des tonnes. L'arbitre voit rouge (23e). Voilà Bordeaux réduit à dix. « Sur le premier je plaide coupable. Sur le second je ne le touche pas. Je m'en veux d'avoir laissé l'équipe à dix », dira plus tard l'expulsé.

La chance a choisi son camp. Sheringham est hors jeu d'un bon mètre quand il sert Keane qui égalise en deux temps (34e). Le combat est inégal. Bordeaux le conduit pourtant avec panache. Micoud, Wiltord et Feindouno ratent des balles de 2-1. Ce sera donc évidemment 1-2. Entré en jeu deux minutes plus tôt, Solskjaer récupère un dégagement de Van der Gouw et se lance dans un long raid solitaire au cours duquel il échappe à la tenaille Afanou-Grenet avant de tromper Ramé (85e). Un travail somptueux pour une défaite amère. Baup parle de « frustration », de « grosse déception ».

« Les Bordelais peuvent être fiers de leur jeu », affirme sir Alex Ferguson, coach bienheureux.

« J'aurais préféré qu'on fasse un match pourri et qu'on gagne 1-0 », réplique Pavon. Et Grenet rattrape la moitié de son écart de langage en commentant l'expulsion de Laslandes : « On ne peut pas en vouloir à un mec aussi généreux. »

Il reste deux parties à jouer, mais les Girondins ont déjà évacué l'Europe. « Notre priorité, ce sont nos matchs à Nîmes en

Laslandes craque. Bordeaux joue à dix.

Coupe de France et à Nancy en championnat », explique froidement Pavon. Bordeaux vient de l'emporter (2-0) à Marseille. La venue de Valence ne l'excite pas plus que ça. Il faudrait un impensable enchaînement de circonstances pour que les Girondins se qualifient en gagnant leurs deux derniers matchs.

Kily Gonzales et Valence écrasent Ziani, Ramé et Bordeaux au Parc Lescure.

La vérité du terrain balaye les dernières illusions. Feindouno laisse passer l'occasion d'ouvrir le score quand, seul face à Canizares, il échoue sur le gardien espagnol (31e). Une reprise du droit de Djukic au premier poteau, sur un corner de Ilie, débloque le tableau d'affichage (41e). La suite est une pénitence. Saveljic fauche Sanchez. Carton rouge et penalty transformé par Mendieta (48e). La frappe croisée de Wiltord dans le petit filet (54e) n'est qu'un baume passager. Kili Gonzales (72e) et Sanchez (94e) transforment la défaite des Girondins en déroute (4-1).

« Le foot exige beaucoup de concentration, explique Baup un peu honteux. On a tous quelque part raté notre match. On est mal dans notre peau, car on ne sort pas la tête haute de cette compétition. » L'entraîneur bordelais est sonné.

La dernière virée sera plus honorable et franchement réconfortante pour lui et pour ses joueurs. « Notre meilleure arme, c'est la volonté de Dieu », a dit Baup avant d'affronter la Fiorentina. Trapattoni, qui espère encore une deuxième place que Manchester, déjà qualifié, peut lui offrir s'il gagne à Valence, emprunte les mêmes chemins : « Je crois aux miracles », confesse-t-il.

Dieu va donc reconnaître les siens. Valence et Manchester font évidemment match nul (0-0). Et Bordeaux ressuscite après avoir ouvert le score par Wiltord (4e), reçu son traditionnel carton rouge (Alicarte, 47e), puis encaissé trois buts de Chiesa sur penalty (47e), Batistuta (60e) et Rui Costa (64e).

Le tir du gauche de Zanotti (87e) et la reprise de volée croisée de Battles (91e) sont bel et bien de divines surprises.

Requinqués moralement, les Girondins, inexistants dans ce deuxième tour, repartent pourtant avec férocité à l'assaut du championnat avec le bonheur que l'on sait.

C'est « pour du beurre » que Wiltord trompe Toldo et ouvre le score à Florence. Bordeaux sort de la C1 la tête haute.

Un été pourri

Anderson et les Lyonnais butent sur Maribor. Pourtant, après le match aller, l'OL croit encore en ses chances.

Troisième du championnat 1999, l'Olympique Lyonnais doit passer un mois d'août studieux pour obtenir le droit de rejoindre Bordeaux et l'OM dans l'alléchante C1. S'il perd contre Maribor, il sera rétrogradé en Coupe de l'UEFA. Mais, lorsque l'on vient de recruter à prix d'or des attaquants du calibre d'Anderson ou Vairelles, comment trembler à l'idée d'affronter des Slovènes? Un monde sépare ces deux formations.

Seulement en football, le monde est parfois aussi mince que du papier à cigarettes. « Il faudra forcément un bon OL pour passer », rappelle l'entraîneur Bernard Lacombe à la veille du match aller programmé au stade Gerland. « 1-0, je suis preneur », précise-t-il modestement.

En s'inclinant à domicile contre Montpellier (1-2), Lyon a raté son début de championnat. Ce qui n'entame pas la confiance des joueurs. « 3-0, ce serait parfait », déclare le gardien Coupet.

Avec ses deux Albanais et ses deux Croates en guise de légion étrangère, l'équipe slovène ne semble pas vraiment faire le poids. « Tout est plus fort dans le championnat de France », souligne son entraîneur Prasnikar.

Lesté d'un compartiment offensif de feu – Dhorasoo, Vairelles, Anderson, Caveglia –, Lyon se jette avec gourmandise dans l'affrontement. Mais sans aucune efficacité. Malbranque, Anderson et Caveglia par deux fois se créent des occasions en première période. Malheureusement, les coups de griffe de ce Lyon-là ne font pas mal. La bête somnole. Son début de seconde période est poussif. Deux contres

Les Slovènes ne sont pas des petits saints. Dhorasoo l'apprend à ses dépens.

acérés du Slovène Bozgo manquent d'aboutir (58e et 62e). Et quand l'OL se réveille, le gardien Simeunovic est imbattable. Il arrête tout, notamment un coup franc de Caveglia (69e) et deux frappes d'Anderson (70e et 75e).

Un tir trop croisé de Zidan, pourtant pâle homonyme de Zizou, rate de peu la cible (83e). Lyon erre et Lyon perd. Corner de Seslar, Coupet repousse la reprise de Zidan, Filipovic surgit et marque (89e).

Lacombe préfère se voiler la face : « C'est notre meilleur match depuis le début de saison, preuve que le football est parfois injuste. »

Le reste des réactions est tout aussi classique : « On dressera les comptes dans deux semaines, mais je crois savoir que mes joueurs n'ont pas trop apprécié les embrassades des Slovènes à la fin », dit le président Aulas. « Il n'y a qu'un seul mot à avancer : malchance », affirme Anderson. Des explications un peu courtes qui n'empêchent pas Dhorasoo de pointer du doigt la réalité : « Une élimination serait catastrophique. »

Coupet et Bak à la dérive. A Maribor, Seslar et ses équipiers enfoncent l'OL.

Avant de se rendre en Slovénie, Lyon s'impose à Metz (1-0). La guerre des mots est relancée. « Cette opportunité de disputer la C1 ne se représentera plus ; il faut se concentrer à 120 % », déclare le capitaine slovène Djuranovic. « Si Maribor est à 120 % il n'y aura qu'à se mettre à la hauteur. Je crois dur comme fer qu'on va passer », réplique Vairelles. Anderson partage son opinion : « En reproduisant le match aller avec la réussite en plus, ça passera j'en suis sûr », insiste-t-il.

C'est oublier le poids du passé. Neuf fois dans son histoire, Lyon a perdu un match aller européen. Et neuf fois il a été éliminé. La passe de dix est un pur affront.

« Lyon, le bide de l'été », va titrer *L'Équipe*. Devant 7 500 supporters slovènes, les Lyonnais offrent une prestation misérable. Quand Caveglia, blessé, laisse Anderson et Vairelles en pointe (35e), Maribor, supérieur et tranquille, a déjà ouvert le score par Simundza qui a profité d'une erreur de Carteron. Inscrit juste avant le repos (45e), le second but naît d'une action géniale et monumentale. Un enchaînement de dribbles et de passes que Balajic conclut d'un tir en pleine lucarne au milieu de Lyonnais hébétés.

La seconde période est un long chemin de croix. L'OL, martyrisé, y est plus proche du 3-0 que du 2-1. « C'est terrible. On peut parler de catastrophe. Il n'y avait pas d'âme dans cette équipe », soupire Caveglia. Coupet parle d'une « grande désillusion ». « On se sent honteux et dépités », ajoute-t-il.

Seuls finalement Bernard Lacombe (« Participer à la Coupe de l'UEFA, c'est quand même pas mal ») et le président Aulas (« Le jeu demande des surprises. Lacombe n'est pas du tout menacé ») affichent bonne figure.

Dans la nuit qui suit, le siège du club est tagué. Le lendemain, les joueurs sont insultés à l'entraînement par des supporters furieux. Entre Rhône et Saône l'été est glacial, la désillusion terrible.

La grande illusion

En coupe de l'UEFA, Lyon se refait d'abord une santé. Linares inscrit ici l'un des cinq buts de la victoire sur Helsinki.

Privé de Ligue des champions par Maribor, l'OL plonge avec angoisse dans la Coupe de l'UEFA nouvelle formule. Au programme, les Finlandais d'Helsinki. Un an plus tôt, ils ont fait subir à Metz ce que les Slovènes viennent d'infliger aux Lyonnais.

« Nous n'avons pas droit à l'erreur. Il faut passer trois tours. Si nous venions à perdre, ce serait dramatique », reconnaît le président Aulas dont l'optimisme est pourtant légendaire. Perdus dans l'immense stade où les jeux Olympiques se déroulèrent en 1952, les 8 000 spectateurs comprennent très vite que Lyon ne commettra pas deux fois la même erreur. Lancé dans l'axe par Dhorasoo, Vairelles trompe Viander d'un tir croisé du droit (16e). C'est l'unique but d'une rencontre que Lyon domine dans les grandes largeurs. « Quand la défense est solide, ça simplifie quand même les choses », analyse le défenseur Patrice Carteron.

Et, quand l'attaque flambe, l'OL est irrésistible. Le match retour est une exécution capitale. Servi de la tête par Caveglia, Anderson ouvre le ban d'une reprise en demi-volée (11e). Dans la foulée, une superbe volée de Serge Blanc (15e) assomme les Finlandais. Totalement groggys, ils cèdent encore sur une tête plon-

Un tir fracassant de Serge Blanc permet à Lyon de remporter le match aller contre le Celtic de Glasgow.

geante de Linares (18e). La suite appartient à l'anecdote. Lehksvo réduit l'écart (40e). Vairelles le rétablit d'une nouvelle tête plongeante quarante secondes seulement après son entrée en jeu (70e), puis l'aggrave d'une frappe enroulée, modèle déposé poteau rentrant (86e).

« On s'est fait plaisir », dit Caveglia. « On s'est rassurés », dit Anderson. « Il ne faut pas s'enflammer », dit Vairelles. « C'est bien, mais on doit tenir compte de la valeur relative d'Helsinki », dit Lacombe.

A chacun sa banalité pour une qualification banale face à un rival banal. Ce qui n'est pas le cas du Celtic de Glasgow, prochain adversaire de l'OL.

S'il n'est plus depuis longtemps un grand d'Europe, le très catholique Celtic a conservé une foi et une volonté inébranlables. Entraînés par deux ex-célébrités de Liverpool Kenny Dalglish et John Barnes, le club de Glasgow n'envisage jamais la défaite.

« Une victoire par 1-0 me plairait déjà bien », affirme Lacombe avant le match aller. Après celui-ci, il déclare logiquement : « C'est déjà bien. Ce sera un sacré combat à Glasgow. » Car Lyon sur sa pelouse s'est imposé 1-0, un but de Serge Blanc inscrit d'un tir foudroyant de 15 mètres en pleine lucarne opposée (64e). Gould, le gardien écossais, a évité le break en sauvant deux fois coup sur coup face à Anderson arrivé seul devant lui (81e).

La soirée a été ternie par la blessure du Suédois Larsson, victime d'une double fracture de la jambe à la suite d'un tacle de Serge Blanc. Un accident qui incite Barnes à dire que « le résultat passe au second plan ».

Quinze jours plus tard, l'entraîneur des Écossais a évidemment retrouvé une ambition dont les Lyonnais ne sont pas dépourvus. « Le pied, ce serait de réussir 0-0.

Je crois que nous sommes capables de gérer un tel résultat », estime le gardien Grégory Coupet.

Lyon régénéré fait même beaucoup mieux. Devant 60 000 spectateurs médusés, les Lyonnais attaquent d'entrée. Si Carteron (5e) et Linares (6e) butent sur Gould, Vairelles parti sur la droite marque dans un angle fermé après avoir dribblé le gardien écossais (17e).

Les joueurs de Lacombe ne souffrent guère que dans les cinq dernières minutes de la première période. Et tout au long de la seconde période, Gould accomplit plusieurs arrêts de grande classe devant Anderson, Dhorasoo, Delmotte ou Carteron pour éviter aux siens une note plus salée. Depuis 1995, c'est la neuvième victoire de l'OL en douze déplacements européens.

Barnes est bluffé. « Lyon a réalisé un match tout à fait fantastique », affirme-t-il. C'est évident : Lyon a retrouvé sa joie de jouer même si Dhorasoo déclare : « C'est bien, mais Maribor n'est pas complètement effacé pour autant. »

Anderson échappe à Frings. A Gerland, Lyon met Brême à trois longueurs.

« Passer trois tours », avait dit le président Aulas. Il s'agira donc maintenant de dévorer de l'Allemand. Éliminé de cette compétition l'année précédente par l'OM (1-1, 3-2), le Werder Brême n'est pas un foudre de guerre. Il est arrivé là en écartant deux équipes norvégiennes, Gimt et Stavanger. Sa défense est animée par le vieux Brésilien Julio César (36 ans), un ancien de Brest et de Montpellier. « Depuis quelques années, le football français n'a plus de complexe à faire face au football allemand », insiste Lacombe qui ne saisit pas bien les caractéristiques du Werder. « C'est un ensemble dont il difficile d'avoir une idée précise en le voyant jouer une fois ou deux », explique-t-il.

Le match aller semble lever l'intégralité du voile. Lyon caracole et marque trois fois devant une formation sans envergure ce jour-là. Le premier but est pour Anderson qui profite d'un contre sur Julio César pour expédier une frappe enveloppée au ras du poteau (13e). Le deuxième, offert par Vairelles d'un superbe centre en retrait, est encore pour Anderson (45e). Le troisième est pour Vairelles auquel Anderson rend la pareille après s'être débarrassé de Julio César (72e).

Statistiquement, l'OL a 91 % de chances de se qualifier. « Mais il ne faut pas s'enflammer », prévient Anderson. Les Lyonnais masquent leur énorme confiance derrière des propos de circonstance. « C'est de bon augure, mais le football est fragile et réserve parfois des surprises », rappelle Lacombe.

Son homologue allemand, Thomas Schaff, ne pense pas autrement : « On a offert trop de cadeaux, dit-il. Au retour, ce sera tout ou rien en espérant que Lyon nous fera à son tour un petit cadeau », déclare-t-il.

Personne n'imagine cependant que les deux défaites subies dans la foulée en championnat à Bastia (3-0), puis à domicile contre Troyes (3-1), annoncent pour l'OL des lendemains européens qui déchantent.

L'ex-Marseillais Klaus Allofs, directeur sportif du Werder, semble simplement être plus allemand que jamais quand il déclare : « On n'a pas forcément besoin d'un miracle pour se qualifier. Je peux même dire que je suis assez optimiste. » Tout le monde donne plutôt raison à Anderson qui affirme : « Nous allons rebondir à Brême comme nous l'avons fait après Maribor. »

Sous une pluie battante, l'OL affiche, hélas, rapidement ses limites du moment. Bousculés, dépassés, égarés, les Lyonnais subissent sans vraiment se rebeller. Bode montre la voie au Werder d'une balle piquée (16e). Herzog double la mise sur penalty après une faute de Linares sur Frings (40e). Seul à 5 mètres du but, Anderson rate une énorme occasion (49e). C'est sans doute le tournant du match. Peu

A Brême, Malbranque est en déséquilibre face à Julio Cesar. La chute est proche.

après, une reprise de volée à bout portant de Baumann remet les Allemands à hauteur (55e). Une longue échappée du Brésilien Ailton, dont le centre est transformé en but par Pizarro (77e), scelle le triste destin des Gones.

Plus que l'élimination en elle-même, ce sont ses circonstances qui accablent les Lyonnais. Le président Aulas parle d'une « déception énorme ». Lacombe d'un « échec retentissant ». De sa plus grosse déception depuis trois ans qu'il entraîne l'OL. « Il n'est pas question de chercher des excuses », ajoute-t-il.

Coupet est dans les cordes : « On ne pouvait pas imaginer un tel scénario, soupire-t-il. C'est clair, il y a crise. »

Ce sont de bien tristes fêtes de l'an 2000 qui s'annoncent pour ce Lyon sans crocs, tombé de si haut.

Coupet est en vadrouille face à Bode, et Lyon en perdition. A Brême, l'OL subit la plus terrible des éliminations.

Les portes de l'enfer

Depuis que Bordeaux s'en est servi comme tremplin pour atteindre la finale de la Coupe de l'UEFA, la Coupe Intertoto est un miroir aux alouettes qui invente plus de maléfices qu'elle n'en brise.

Ce n'est pas un hasard si le PSG a refusé cette session de rattrapage dans laquelle Montpellier a décidé de se jeter à corps perdu avec une belle insouciance. L'été est la saison des succès faciles. Dehors le Karabah Agadam venu d'Azerbaïdjan et deux fois battus (3-0, 6-0). Dehors l'Espanyol de Barcelone, qui aligne son équipe réserve et s'incline deux fois (2-0 et 2-1).

« La saison commence réellement à Duisburg », affirme l'entraîneur montpelliérain Jean-Louis Gasset. Les Allemands ne lâchent jamais rien. Ainsi sont-ils. Montpellier revient toutefois de Rhénanie avec un excellent match nul (1-1). Maoulida a répondu à Osthoff. Le match retour est une perfection. Trois buts de Sorlin, Delaye et Loko assomment Duisburg. « Nous vivons au jour le jour. Nous évitons de nous projeter dans l'avenir », déclare Gasset.

Montpellier reprend son cours d'allemand. C'est maintenant Hambourg qui arrive. « Les joueurs allemands ne nous font plus peur », tonne le défenseur Franck Silvestre. Au stade de la Mosson, Loko ouvre le score sur penalty (15e), mais Panadic égalise (81e). « Il est trop tôt pour parler d'échec », dit Gasset.

Silvestre, impérial à Hambourg.

Dans le grand port du Nord, Montpellier se hisse à l'étage supérieur. Yeboah marque pour Hambourg (22e). Sorlin égalise d'une superbe frappe enroulée (70e). Au bout de la prolongation, le gardien Stéphane Cassard détourne trois tirs au but. « Après avoir arrêté le premier, je sentais où iraient les autres », se réjouit le héros du jour. Le président Nicolin est aux anges : « Gagner la finale de la Coupe Intertoto ne constitue pas un exploit en soi, dit-il, mais vaincre à Hambourg devant 52 000 spectateurs entre dans les annales du club. »

« Cette qualification constitue un toboggan pour le championnat », souligne Gas-

Les Montpelliérains à la fête. En éliminant Hambourg, ils remportent la coupe Intertoto.

Patrice Loko marque un but à l'Étoile Rouge de Belgrade. Montpellier passe un tour, mais dépense une énergie folle.

set. Il ne croit pas si bien dire. Plus dure sera la chute. En attendant, voilà Montpellier qualifié pour le premier tour de la nouvelle Coupe de l'UEFA. L'Étoile rouge de Belgrade sera son premier adversaire.

Contrainte de s'exiler à Sofia, en Bulgarie, pour des raisons politiques, l'Étoile n'a plus son brio d'antan. Servi par Mahouvé, Loko bat Kocic d'une frappe d'une gauche à bout portant (5e). Sur ce coup-là, le gardien yougoslave a totalement loupé sa sortie. Le score n'évoluera plus.

Pourtant, les occasions de creuser le break ne manqueront pas. Montpellier ne profite pas de l'expulsion d'Ilic (57e). Ouédec à trois reprises et Maoulida par deux fois ratent une cible béante.

«J'aurais signé pour ce 1-0, mais c'est quand même dommage, car il y avait moyen de plier la qualification», souligne Gasset mi-figue mi-raisin. Silvestre est serein : «On était sûrs de nous. Maintenant, on sait tenir un résultat.»

C'est avec un nouvel entraîneur à sa tête, l'ancien brestois, bordelais et lensois Slavo Muslin, que l'Étoile rouge entame le match retour. «Nous avons 10 % de chances», estime Muslin.

Les Yougoslaves les jouent à fond. Propulsé par Fugier, Ouédec croit boucler le dossier d'un tir croisé du droit (38e). L'égalisation de Jelic (48e) plonge Montpellier dans le doute. Et si Loko d'une reprise au premier poteau redonne l'avantage aux siens (52e), Boskovic égalise immédiatement sur penalty (54e). La dernière demi-heure est une épreuve pour des Héraultais paralysés par l'enjeu et la fatigue. Ils s'en sortent par miracle.

Le président Nicolin est en sueur : «Oh la la ! je vais canner moi, souffle-t-il. On se qualifie difficilement, c'est peut-être de bon augure.» «On a douté, on a joué la peur au ventre», reconnaît Silvestre. Seul Ouédec fanfaronne un peu : «Montpellier ne craint personne.»

Les Espagnols de La Corogne ne sont pas des enfants de chœur. Ils sont d'ailleurs sur le point de prendre, et pour un bon moment, la tête de leur championnat.

Tout le contraire de Montpellier qui affronte le match aller à la seizième place, en position de relégable. La crise couve. Gasset est sur un siège éjectable. «On savait qu'on manquerait d'une préparation cohérente, qu'on le paierait à un moment ou à un autre», explique-t-il.

A La Corogne, face à une véritable tour de Babel footballistique, Montpellier réussit pourtant un excellent départ. Ouédec décale Loko, dont le centre-tir se transforme en but (7e). Sur une sortie aérienne ratée de Cassard, le Portugais Pauleta égalise de la tête (17e). L'équipe française craque après le repos. Une main de Silvestre à l'arrivée d'un corner permet au Brésilien Djalminha de transformer un penalty (50e). Un exploit personnel du Hollandais Maakay, conclu d'un tir à ras de terre de 20 mètres (54e), met Montpellier à distance. Plus jamais les Héraultais ne seront dangereux.

« C'est jouable, pense pourtant Gasset, même s'ils ont une maîtrise technique impressionnante. » Un peu méprisant, l'entraîneur espagnol Javier Irureta souligne : « Montpellier est quand même meilleur que ce que j'avais vu en championnat. »

Au coup d'envoi du match retour, Montpellier ne compte que 12 points en 13 matchs de championnat. « Pour que notre entraîneur reste à la tête de l'équipe, c'est à nous de nous surpasser », insiste Silvestre.

Mais Montpellier n'a plus gagné depuis six semaines. Il est au fond du trou. Et La Corogne vient de dominer Barcelone. L'écart est énorme entre ces deux formations, même si Loko rate trois occasions franches de relancer son équipe. Une fabuleuse traversée du terrain sur 80 mètres de Ray Maakay, ponctuée d'un tir piqué du gauche (45e), scelle le destin de ce duel déséquilibré. Accablé, Montpellier encaissera un second but en fin de rencontre, œuvre de Pauleta d'un tir de 20 mètres (82e).

« Nous sommes battus par une grande équipe », reconnaît Gasset qui n'est pas au bout de ses soucis. « Oublions la Coupe d'Europe pour nous consacrer pleinement au championnat », dit Silvestre.

Trop tard. Le ver dévore déjà le fruit. Une longue et inexorable descente aux enfers sera le terrible prix à payer d'une aventure estivale sans lendemain.

Sur ce coup-là, Decroix devance l'attaquant de La Corogne Makaay.

Entre Romero et Naybet, Loko est pris dans un étau. La Corogne élimine aisément Montpellier dont le calvaire commence.

Sibierski serpente dans la défense de Ionikos. Et Nantes se balade pour ses débuts en coupe de l'UEFA.

Monterrubio, gaucher de charme, participe activement à l'écrasement de Bratislava. Nantes marque sept buts en deux matchs.

Londres morne plaine

La Coupe des vainqueurs de coupes est morte. Vive la nouvelle Coupe de l'UEFA. La jeune phalange nantaise l'intègre avec une timidité mêlée d'ambition. Les petits Canaris iront d'abord visiter la Grèce à l'arrière-saison. Ionikos, leur adversaire, est un parfait inconnu.

A l'heure du match aller à Athènes, le championnat de Grèce n'a pas encore repris. La faute à un tragique et récent tremblement de terre. L'entraîneur Raynald Denoueix dessine le profil de son équipe : « On sait ce qu'on vaut et ce qu'on peut faire. On sait aussi ce dont on n'est pas capables. » Éliminer Ionikos ne relèverait pas de l'exploit. « Si nous savons donner assez de mouvement à notre jeu, nous irons trop vite pour qu'ils réussissent à nous toucher », affirme le défenseur Jean-Marc Chanelet.

La première période se réduit à une longue observation. Landreau est tout heureux de voir une reprise de volée de Kobayashi percuter sa transversale (11e). La seconde période est un monologue. Lièvre ouvre le score de la tête à l'arrivée d'un coup franc de Monterrubio (56e).

Monterrubio alourdit la marque après un somptueux enchaînement de dribbles de Carrière (67e). C'est encore Carrière qui lance Monterrubio pour le troisième but (83e). Dimitriadis a beau tromper Landreau durant les arrêts de jeu (91e), c'est sur les Grecs que Zeus a lâché sa foudre.

Da Rocha accable Bratislava.

Les Nantais se montrent pourtant difficiles. « On aurait pu réaliser 5-0 et on ne gagne que 3-1 », regrette Lièvre. Et Denoueix râle presque : « Ce but de dernière minute est une petite déception. Après la rencontre, j'ai entendu des choses qui ne m'ont pas plu. Certains se projetaient déjà dans le deuxième tour. Pour l'instant, nous sommes une équipe moyenne. »

Et Ionikos une équipe très faible. Le match retour est une formalité sans intérêt. Nantes se contente d'un but inscrit par Da Rocha, qui reprend en demi-volée au second poteau un centre de Leroy (47e). Les 20 000 spectateurs sont forcément frustrés. « On se qualifie à l'italienne et le public nous siffle », regrette le capitaine Mickaël Landreau. Ainsi va la foule nantaise qui aime le beau et le chatoyant.

Le second tour offre aux Nantais un rival venu de Slovaquie, l'Inter de Bratislava. « Ce n'est pas un épouvantail », reconnaît honnêtement le directeur sportif Robert Budzynski. « Ce sera plus dur que contre Ionikos », estime Chanelet à la veille du match aller qui se déroule à Bratislava.

Résultat : 3-0 pour Nantes, qui n'avait pourtant plus marqué depuis 313 minutes ! Et Landreau n'a quasiment jamais été en danger. Il effectue son premier véritable arrêt à la 83e minute. Nantes compte alors deux buts d'avance, inscrits en première mi-temps par Sibierski sur penalty (26e) et Da Rocha qui se joue de l'angle fermé et du gardien adverse (35e). Au coup de sifflet final, les Nantais auront conclu l'affaire grâce à un lob de Carrière (86e).

Denoueix est bluffé : « Quel paradoxe ! Généralement, nous jouons bien et nous ne marquons pas. Là, nous avons eu eu moins d'occasions qu'à l'habitude, mais nous avons été plus réalistes. »

Statistiquement, Nantes possède 100 % de chances de se qualifier. Ainsi vont les chiffres.

« Nous avons la tête ailleurs », explique Landreau à la veille du match retour. Nantes peine en championnat. Et en première période. L'absence d'enjeu et le silence volontaire d'un public bougon anesthésient les joueurs. Une jolie bordée de sifflets rend les Canaris à leur ambition esthétique. Ils inscrivent quatre buts en seconde mi-temps. Sibierski débloque la

Mehdi Leroy lutte de toutes ses forces, mais le Nigérian Kanu et la légion étrangère d'Arsenal sont trop forts pour Nantes.

situation avec l'aide d'un pied slovaque (49e). Monterrubio (61e), Devineau (73e) et Da Rocha (83e) alourdissent l'addition. « L'énorme silence de cathédrale qui a régné dans la Beaujoire durant quarante-cinq minutes a été très pesant. On s'est accroché pour aller au-delà de nos craintes », explique Denoueix, avec un optimisme de bon aloi.

La suite en revanche fait grand bruit. Au tirage, Nantes décroche un Arsenal tout frais recalé du premier tour de la Ligue des champions. Arsenal le Londonien et ses « Frenchies », Arsène Wenger l'entraîneur, Emmanuel Petit, Patrick Vieira et Thierry Henry, tous trois champions du monde. Arsenal et ses Hollandais Bergkamp et Overmars, Arsenal et son Nigérian Kanu, son Croate Suker. Un ogre rouge face à un Petit Poucet. Sauf qu'il ne s'agit pas d'un conte de fées.

« On connaît la difficulté. A nous de créer l'exploit », affirme Denoueix qui ajoute : « Physiquement, on sera sûrement bousculés, dépassés, mis en infériorité. Il ne faudra rien lâcher. En vérité, on ne connaît pas nos limites. »

Ce soir-là, elles éclatent d'autant plus que Nantes reste sur six défaites consécutives en championnat et que Chanelet est expulsé à l'heure de jeu. Les Nantais sont alors menés 1-0, un penalty transformé par Overmars (15e). La dernière demi-heure est un calvaire. Wenger incorpore Henry et Suker, Denoueix lance Touré et Gope-Fenepej. Appréciez la différence. Gilet dégage sur sa ligne un tir de Suker (77e), Bergkamp rate une occasion en or (80e). Un extérieur gauche de Winterburn en pleine lucarne (82e) foudroie Nantes que Bergkamp met proprement KO d'un tir croisé à l'ultime minute. Sibierski est parfaitement lucide quand il déclare : « La révolte c'est bien beau, mais quand on passe toute une partie à défendre, fatalement il faut reconnaître que l'on est moins forts. »

Quinze jours plus tard, c'est pourtant ce même Sibierski qui brandit l'étendard de la fameuse révolte : « On s'est fait une montagne d'Arsenal avant l'aller. La qualification, j'y crois fortement. »

Alors, la classe biberon y va gaiement. Matthieu Berson (19 ans) dispute son premier match. Le vétéran du jour Antoine Sibierski n'a que 25 ans. C'est lui qui entretient un fol espoir en ouvrant la marque d'une solide frappe de 20 mètres (13e). Dans la foulée, Da Rocha rate le cadre à bout portant (20e). La suite immédiate est cruelle et totalement franco-française. Vieira centre pour Henry. Henry démarque Grimandi. Grimandi dribble

Gilles Grimandi est un faux frère. A La Beaujoire, le défenseur français d'Arsenal dribble Landreau et égalise.

Landreau et égalise (25e). Henry donne très vite l'avantage à Arsenal en reprenant en force une passe lobée de Kanu (31e). Overmars sonne le glas d'un tir croisé du gauche (43e).

Les Nantais auront le courage et la force d'égaliser. Une lucarne de Sibierski (58e) et un tir croisé de Vahirua (79e) donneront ainsi de l'allure à cette sortie qui aurait été encore plus belle si Da Rocha et Vahirua par deux fois n'avaient pas gâché des balles de 4-3.

En vérité, cet Arsenal était imprenable pour Nantes. « On a rêvé », conclut Carrière. Tout est dit. Nantes peut retourner à ses tâches nationales contrastées avec la satisfaction du devoir accompli.

Les Nantais au tapis, et Henry au paradis. « Titi » inscrit le second but d'Arsenal.

Ludovic Giuly n'a pas peur des combats aériens. Le gardien de Lodz, Matuszek, joue des pieds et des mains pour lui résister.

Le gardien de Saint-Johnstone, Alan Main, retarde l'échéance contre Trezeguet et Monaco. Il finira par craquer.

Noyade aux Baléares

Simone facile contre Lodz.

Pour un club comme Monaco, protégé par son statut et par la densité de son effectif, un premier tour de Coupe de l'UEFA ne constitue jamais un véritable piège. Même Claude Puel, entraîneur novice de l'Europe, ne fait pas semblant de craindre les Écossais de Saint-Johnstone dont le palmarès est désespérément vierge. « Ce n'est pas un rendez-vous exceptionnel », dit-il.

Disputé au stade Louis-II, le match aller se résume à un long « attaque-défense ». Le gardien écossais Main accomplit des miracles, puis craque sur le tard. Trois buts de Simone (69ᵉ), Trezeguet (73ᵉ) et de nouveau Simone (90ᵉ) scellent définitivement l'affaire.

Le match retour est le 100ᵉ disputé par Monaco en Coupe d'Europe en même temps que le 900ᵉ joué par une équipe française dans une épreuve continentale. Cela lui confère une aura que le terrain ne peut pas lui offrir. Sans Trezeguet, Gallardo ni Giuly, relégués sur le banc, Monaco contrôle tranquillement la situation. Léonard marque contre son camp (6ᵉ), mais Prso égalise très vite (9ᵉ). Un but de Riise (25ᵉ) puis une égalisation de Dasovic offrent un certain charme à la première période. Gallardo, qui a remplacé Lamouchi, redonne à Monaco un avantage (69ᵉ) que O'Neil efface (75ᵉ). Le public écossais a apprécié. Puel est laconique : « Difficile de se motiver dans ce genre de match complètement à part qu'il faut oublier le plus vite possible. » Point final et place aux Polonais du Widzew Lodz.

Un an plus tôt, Monaco est déjà venu à Lodz affronter l'autre club de la ville, le LKS. « J'ai l'impression que l'on aurait pu tomber plus mal », reconnaît Puel. Effectivement. Le Widzew est alors quatorzième de son championnat. En panne de salaire, ses joueurs brandissent une menace de grève.

Sur leur pelouse, ils ouvrent pourtant le score. Wichniarek transforme le penalty qu'il vient lui-même d'obtenir après une faute de Christanval (5ᵉ). Sacré bizutage pour le gardien Tony Sylva qui remplace Barthez blessé. Heureusement, il n'aura plus rien à faire jusqu'à la 82ᵉ minute et un ballon cadré de Szymkowiak. Entretemps, Giuly a égalisé d'un tir du droit en lucarne (39ᵉ).

Les Monégasques sont un peu moroses. « On pouvait mieux faire », estime Puel qui ne s'inquiète pas pour autant. A juste titre. « On n'est à l'abri de rien. On peut tirer quatorze fois sur le poteau et Lodz marquer sur son unique occasion », rappelle le prudent Lamouchi avant le match retour.

C'est lui qui débloque la situation après le repos et une première mi-temps ratée. Parti à la limite du hors-jeu, il trompe Matasezk d'un tir croisé (50ᵉ). Il offre ensuite le second but à Trezeguet, au bout d'un long déboulé conclu par un centre parfait (85ᵉ).

« On s'est offert des frayeurs », souligne l'homme du jour. En vérité, Monaco n'a jamais été menacé.

Avec l'AEK d'Athènes, 104 matchs européens à son palmarès (dont le premier perdu 7-2 contre… Monaco en 1963), Monaco décroche un adversaire qui va l'obliger à monter un peu en puissance.

Mais c'est évidemment sans complexe que les Monégasques débarquent à Athènes qui conserve les stigmates du tragique tremblement de terre.

« Si l'on n'encaisse pas de but tout ira bien, car, avec les attaquants que nous possédons, nous marquerons presque à coup sûr », explique le milieu de terrain Da Costa. « Tenir le 0-0, nous ne savons pas faire, ajoute Puel. Nous allons donc aller

Bain de boue à Monaco pour Gallardo. L'AEK Athènes y laisse sa peau.

de l'avant pour marquer au moins un but.» Ce but, Monaco l'inscrit rapidement par Giuly, qui profite d'un ballon mal repoussé par le gardien grec Amatsidis après un tir d'Eloi (26e). Quand Marquez dégage derrière sa ligne un lob de Ciric (43e), une erreur d'arbitrage sauve les Monégasques. L'injustice est rapidement réparée par Nikolaidis qui perfore une défense pas si princière sur ce coup-là et trompe Aubry, le nouveau remplaçant de Barthez (45e).

Une main de Djetou non signalée en pleine surface et deux superbes arrêts d'Aubry maintiennent à niveau un Monaco rudement secoué après le repos. Le but de Simone qui reprend du droit un centre de Gallardo vient donc contre le cours du jeu (78e), ce qui n'est pas le cas de l'égalisation de Nikolaidis (90e) au bout d'un sombre cafouillage.

Puel trouve le score «logique», mais se sent «frustré». Simone estime qu'il s'agit d'un «bon résultat». Lamouchi avoue rester un peu sur sa faim et pense que «ça va être beaucoup plus difficile qu'on ne l'imagine au stade Louis-II».

A ce moment de la saison, Monaco se balade déjà en tête du championnat avec 6 points d'avance sur le PSG. «Pas question de verser dans l'euphorie», rappelle donc Giuly fort à propos.

Sur un terrain boueux et devant une assistance clairsemée, Monaco se contente de l'essentiel, un seul petit but inscrit par Simone de la tête, à la réception d'un centre de Léonard (32e). «Nous sommes passés avec les tripes», juge Puel.

Qu'importe! Monaco est toujours debout au passage d'une année 2000 qui semble faite pour lui. Au moment de se rendre à Majorque, dans les îles Baléares, les hommes de Puel possèdent 10 points d'avance en championnat sur leur premier poursuivant. Et leur jeu est un régal, même s'ils viennent de s'incliner à Strasbourg (3-2).

«Nous manquons d'humilité, regrette Puel, mais l'équipe va montrer qu'elle sait rebondir.»

Finaliste malheureux (battu 2-1 par la Lazio Rome) de la dernière Coupe des coupes en mai 1999, Majorque n'est alors que neuvième de la Liga. «Mais nous réussissons toujours nos meilleurs matchs contre les grands clubs», rappelle son milieu de terrain camerounais Lauren.

Dans le camp monégasque, Lamouchi exprime une simple curiosité : «C'est important de voir ce que l'on vaut vraiment. Ce match constitue un examen de passage.» Simone préfère le cri d'alarme : «On doit revenir à plus d'humilité, sinon on va passer au travers. Je pense que Majorque a un potentiel extraordinaire.» Paroles de pure circonstance et sans fondement, pense-t-on.

Monaco paraît si fort et ouvre si vite le score par Gallardo d'une frappe croisée (2e). Comment imaginer le scénario catastrophe qui se prépare? Barthez est alors impérial. Il sort victorieux d'un face-à-face avec Tristan l'avant-centre espagnol (22e). Et même quand Stankovic égalise d'un coup franc en pleine lucarne (42e), Monaco ne s'inquiète pas.

Pourtant, le bel édifice rouge et blanc s'effondre en un quart d'heure. A la reprise, Puel remplace Giuly, un attaquant, par Christanval, un défenseur. Un choix tactique bizarre. Comme pour donner tort à son entraîneur, Christanval commet une faute sur Carlos. Stankovic transforme le penalty (53e). Dans la foulée, Marquez reçoit un second carton jaune et se fait expulser (55e). Ce n'est pas fini. Barthez relance maladroitement sur Carlos qui file vers le portier monégasque. Faute et re-penalty que Stankovic réussit (62e).

Si le coup est encore jouable, la moindre erreur coûte désormais très cher. Elle survient lors des arrêts de jeu. Lauren file sur la droite. Personne ne l'arrête. Son centre est repris victorieusement par Tristan (92e). C'est le coup de grâce.

Puel parle d'un « manque d'expérience et de maturité ». Il dit encore que « certains joueurs ont été bloqués par l'enjeu ». Lamouchi est impitoyable : « On s'en sort bien, affirme-t-il. On n'est pas une grande équipe. » Et Trezeguet jette une pierre dans le jardin de son entraîneur : « Ce match me fout les boules, râle-t-il. Je me demande si on a adopté les bons choix tactiques. » Simone n'est pas loin de tenir le même discours : « On formait une autre équipe après le repos », insiste-t-il.

L'accusé Puel réplique à ses joueurs : « Je ne regrette pas les choix effectués. Les erreurs individuelles n'ont rien à voir avec les options tactiques. »

Un tel déballage ne ressemble pas à Monaco où tout est toujours si lisse. La défaite a causé de gros dégâts psychologiques. Il faut pourtant préparer le match retour. Barthez rameute la troupe : « On y croit, clame-t-il. On en a pris quatre là-bas, mais on est capable de leur en mettre quatre ici. » L'autopersuasion bat son plein. Les Monégasques ont la rage.

Ils mettent la pression sur Majorque. Simone tire sur le poteau (27e). Gallardo oblige le gardien argentin Leo Franco à effectuer un superbe arrêt (32e), et Simone ouvre enfin le score en récupérant un ballon que Djetou avait expédié – du bras ! – sur le poteau (33e).

La partie est relancée. Elle s'arrête à la 53e minute. Gallardo s'écroule en pleine surface adverse sous la charge de Engonga. Penalty ? Non ! Expulsion de Gallardo pour simulation, décide M. Poll, l'arbitre anglais. Monaco ne se remet pas de ce terrible coup du sort et se contente d'un succès de prestige. L'aventure européenne, que l'on espérait sans fin, est brutalement interrompue.

Les Monégasques se raisonnent. Ils ont d'autres objectifs à atteindre. « Il faut conserver cet état d'esprit jusqu'au bout de la saison pour saisir le titre de champion qui nous tend les bras », dit Puel.

Martin Djetou devient le porte-parole de ses camarades quand il affirme : « La leçon mérite d'être retenue pour les durs combats qui nous attendent en Ligue des champions. »

Nous ne sommes que le 9 mars 2000 et déjà Monaco, évident futur roi de France, peut se permettre de voir plus loin et plus haut.

Gallardo est muselé par Siviero. Monaco va craquer à Majorque.

A Louis II, Simone ouvre et ferme le score. Insuffisant pour sauver Monaco.

Magie du football. Un Lensois sans tête affole presque autant la défense de Tel Aviv que ses équipiers Nouma et Sakho.

Le jour de gloire de Delporte. A peine entré en jeu, il assure la pénible qualification de Lens contre le Maccabi.

Élevés à la dure

Les épopées commencent souvent dans l'indifférence ou la douleur. Voire dans les deux. L'aventure lensoise, qui, de rebond en rebond, déposera les Sang et Or en demi-finale, n'échappe pas à la règle.

Championne en 1998, vainqueur de la Coupe de la Ligue en 1999, l'équipe de Daniel Leclercq bat de l'aile en ce début de saison. L'amalgame ne s'est pas réalisé entre anciens et nouveaux, entre un entraîneur d'une formidable exigence et un groupe qui ne vit pas l'amour du maillot avec la même ferveur.

Au moment d'affronter à Tel-Aviv le Maccabi, un adversaire qui n'a jamais dépassé le stade européen des 32es de finale, Lens perd le nord. Une défaite à domicile contre Sedan (3-0) est très mal ressentie. « Cette Coupe d'Europe c'est aussi la leur, même s'ils la doivent à ceux qui ne sont plus là », explique Leclercq afin de transmettre un message de foi à quelques nouveaux un peu égarés. « Une équipe de Lens à un niveau tel que je l'imagine doit se qualifier sans problème », ajoute-t-il.

Biblique, l'expérimenté défenseur Sikora affirme : « Nous avons pris une claque, mais pas question de tendre l'autre joue. »

Devant moins de 5 000 spectateurs, les Lensois ne se rassurent pas vraiment. Si Sakho ouvre le score d'une tête piquée (39e), Kubica égalise très vite en lobant Warmuz trop avancé (44e). Les Nordistes reprennent l'avantage grâce à Job qui glisse le ballon sous le ventre du gardien (54e), puis sont de nouveau rejoints sur une frappe piquée de Bendayan (85e).

Job aérien, Lens terre à terre.

« Lens n'est pas une grande équipe », constate froidement Leclercq. « Ce match nul ne nous permet pas de retrouver la confiance », estime pour sa part le milieu de terrain Rool.

Bien vu. Dans la foulée, Lens s'incline de nouveau à domicile contre Saint-Étienne (2-0). Le club est en crise. Leclercq laisse entendre qu'il pourrait partir. « Peut-être ferais-je mieux de redevenir ce que j'étais. Moins complaisant, moins diplomate, dit-il. Mais le plus important, c'est la survie du club. Si certains joueurs veulent la peau de l'entraîneur, cela me paraît ridicule. »

Ridicule et imparable. Le divorce est déjà consommé quand le Maccabi débarque au stade Bollaert. La pénible qualification n'y change rien. Un coup franc latéral de Bassis échappe à Warmuz, qui s'estimera « 100 % responsable sur ce coup » (24e). Les Lensois se rétablissent in extremis par Nouma à bout portant (76e) et Delporte, un débutant de 20 ans, d'une reprise en force sous la barre (79e).

« Bravo et merci aux joueurs, déclare Leclercq lapidaire. Ils ont réalisé ce que j'attendais d'eux. Je suis heureux et extrêmement soulagé pour le club. » Le lendemain, il est « démissionné » par le président Gervais Martel. Leclercq a dirigé Lens durant exactement cent matchs officiels. Le président parlera de « problèmes relationnels insolubles » et soulignera quelques jours plus tard qu'il est « difficile de se séparer d'un homme que l'on aime ».

Le football est ainsi : il ne récompense pas toujours ses plus fidèles serviteurs. Avec Daniel Leclercq, c'est un peu de l'esprit du jeu et de l'âme du Nord qui s'en vont. Et Lens, le cœur meurtri, tourne avec une énorme nostalgie la plus belle page de son histoire.

C'est l'ancien champion olympique de 1984, et ex-adjoint de Leclercq, François Brisson qui a pris les rênes techniques quand Lens s'apprête à affronter les Hollandais du Vitesse Arnhem, que Bordeaux a éliminés un an plus tôt. A l'heure du

Contre Arnhem, Brunel a décidé de se faire des cheveux. Lens a le vent en poupe.

Contre Arnhem, Pascal Nouma clame sa joie après avoir inscrit le second but.

match aller, les Lensois, treizièmes du championnat, restent sur deux victoires contre Montpellier et Troyes. Ils vont mieux. « La confiance revient petit à petit. Nos intentions offensives doivent finir par payer », affirme Brisson.

Devant 37 000 supporters rassemblés au stade Bollaert, il aligne toutefois une équipe comprenant sept joueurs défensifs et un seul pur attaquant, Pascal Nouma. C'est pourtant ce soir-là que Lens fait flèche de tout bois. Sur un superbe enchaînement de Dacourt, petit pont puis grand pont, suivi d'un centre en retrait, Brunel ouvre rapidement le score (3e).

Une demi-volée de Nouma creuse l'écart (17e). Longtemps, la marque reste en l'état. Et quand l'international Pierre Van Hooijdonk la réduit sur penalty (71e), le retour de bâton est sévère pour les Hollandais. Collen marque de la tête contre son camp (75e) et Blanchard, d'une reprise taclée (87e), donne au succès des siens une ampleur considérable. L'entraîneur hollandais Herbert Neumann est dans les cordes : « Je suis totalement surpris par la prestation de mon équipe. Elle n'a pratiquement pas joué. » Il sera remplacé par l'ancien gardien international Jan Jongbloed avant le match retour. Côté lensois, Warmuz est ravi : « Nous avons retrouvé une équipe solide et cohérente », dit-il.

Le match retour disputé dans le fameux stade couvert d'Arnhem n'est pas une formalité. Mais si les Lensois sont souvent bousculés, ils ne craquent qu'une fois quand un coup franc de Kreek dévié par le mur prend Warmuz à contre-pied (65e). Survivant presque miraculeusement à des balles de 2-0, Lens obtient même l'égalisation dans les arrêts de jeu par Blanchard (93e).

« On savait qu'il leur restait deux buts à marquer, mais ça a tout de même été l'enfer », constate Nouma.

Un enfer dont les Nordistes sortent indemnes. L'heure du paradis et d'un incroyable exploit est imminente.

Un Job du tonnerre

Djorkaeff, qui frappe ici devant Nyarko, et ses camarades de Kaiserslautern étaient pourtant repartis confiants de Lens.

L'équipe allemande de Kaiserslautern n'appartient vraiment pas au même monde que Tel-Aviv et Arnhem. Si elle n'est alors que neuvième de la Bundesliga, l'équipe de Youri Djorkaeff est une grosse pointure.

« Il ne faut surtout pas prendre de but. » Le leitmotiv est général chez les Lensois avant le match aller qu'ils disputent chez eux.

Avec un informateur comme Djorkaeff, les Allemands ne partent pas dans l'inconnu. « J'ai prévenu mes coéquipiers que Lens valait beaucoup mieux que son classement », explique l'international.

Lens restait sur sept matchs sans défaite. Il vient de s'incliner à Lyon, n'est que quatorzième et loin d'être favori. Une seule mi-temps suffit à confirmer ce pronostic. Bien entrés dans la partie, les Nordistes craquent brutalement sur deux énormes bévues. « Deux buts de bêtisier », dira le président Martel.

Sikora dévie d'abord dans son but un

Au Stade Bollaert, les joueurs de Kaiserslautern se congratulent sous le regard de Rool. Ils ne devinent pas la suite.

centre de Ratinho (30e). « C'est pourtant une balle que je croyais pouvoir dégager », expliquera-t-il consterné. C'est ensuite un ballon que Warmuz et ses défenseurs regardent rebondir et entrer dans le but sur un long coup franc latéral de Wagner (37e). Sans beaucoup d'efforts, Kaiserslautern semble avoir déjà réglé l'affaire. Les Allemands dominent leur sujet durant presque toute la seconde période.

L'ultime quart d'heure est moins cruel pour les Sang et Or. Sakho tire sur le poteau (77e) et Schjönberg dévie dans son but un centre de Job (83e).

Ce baume sur une plaie béante ne laisse statistiquement aux Lensois que 5 % de chances de qualification auxquelles ils se raccrochent comme des naufragés à un radeau. « Les Allemands affichent plus de 30 ans de moyenne d'âge et ça ne m'étonne pas après ce que j'ai vu, râle le président Martel. Ils ont joué à trois à l'heure et nous ont tranquillement attendus. »

« On n'avait pas le jeu face à cette équipe qui sait faire déjouer, constate Brisson. Après, dans un tel contexte, c'est soit 0-0, soit les buts casquettes. Mais c'est bien d'être resté dans le match. »

Personne à vrai dire ne prête véritablement attention à Job quand il affirme : « Derrière, les Allemands m'ont paru un peu lourds. Si on arrive à les provoquer un peu plus, il y aura peut-être des possibilités pour le match retour. » A la veille de cette revanche, alors que son équipe est désormais sixième de la Bundesliga, Djorkaeff est particulièrement confiant : « C'est une particularité allemande de ne jamais douter, affirme-t-il. Si on encaissait un but on pourrait peut-être douter. Et encore non, je ne crois pas. »

Désormais quinzième du championnat après une défaite à Monaco (2-0), Lens pense alors surtout à sauver sa place en première division. Au cœur de cette période noire, Guillaume Warmuz cadre bien l'affrontement à venir : « Virtuellement qualifié, Kaiserslautern va attaquer et jouer pour nous donner la leçon. Mais, depuis deux ans, on fait des choses qui n'ont jamais été réalisées à Lens. Alors, peut-être qu'après avoir respiré deux nuits l'air allemand on pourra accomplir un exploit. »

Et devant 25 000 spectateurs, le rêve fou devient réalité. L'ouverture du score par Job, après un grand pont sur le gardien Reinke (20e), recrée un espoir que Hristov étouffe presque immédiatement au terme d'un cafouillage devant le but de Warmuz (21e).

La partie est échevelée, ce qui ne déplaît pas aux Lensois contraints de jouer le tout pour le tout. Les Allemands ne sont pas des fanatiques de la vitesse. Les Lensois leur infligent un second but quand Nouma, de la tête, devance Reinke et sert Job qui marque (40e). L'égalité est parfaite. Kaiserslautern n'apprécie pas. Ismaël repousse sur sa ligne une balle de but (50e), Warmuz est sauvé par son poteau sur un tir de Hristov (53e).

Au plus fort de cette domination, c'est Lens qui contre et marque. Rool lance Job dans le dos de la défense allemande. Dévié par Strasser, le tir du rayonnant Camerounais trompe Reinke (55e). L'incroyable est en vue. Kaiserslautern doit désormais marquer deux fois. Assiégé, Lens survit aux situations les plus brûlantes. La balle revient sans cesse vers Warmuz, mais rien ne passe. Et quand le gardien lensois relance rapidement sur Nyarko, celui-ci, au bout d'un une-deux avec l'incontournable Job, inscrit un étourdissant quatrième but (89e).

Lens accomplit l'une des plus belles performances internationales du football français. C'est la troisième fois seulement, après Metz en 1984 à Barcelone et Auxerre en 1989 à Zagreb, qu'une équipe française battue chez elle au match aller se qualifie.

Dans le vestiaire nordiste, la jubilation est totale. « Ils nous ont pris de haut. Ils nous regardaient de manière narquoise. Ils se sont tués eux-mêmes », raille Ismaël.

Job le héros tente de garder la tête froide… « Je n'ai tout de même pas dribblé tout le monde à chaque fois », sourit-il.

François Brisson reste modeste en dépit de l'énormité de la performance de son équipe : « Dire que c'est historique serait excessif, dit-il. Ce n'est que du foot non ? Le match aller ne reflétait pas la réalité. On savait que l'on pouvait faire quelque chose de bien. On était considéré comme une petite équipe de championnat. C'était oublier que nous avions de bons joueurs. »

Tellement bons sur ce coup fabuleux, qu'ils permettent à Lens d'atteindre pour la première fois de son histoire le printemps de l'Europe.

Joli pas de deux entre le Lensois Brunel et le défenseur allemand Ramzy.

Oui, c'est bien lui, Joseph-Désiré Job, artificier d'un formidable exploit.

Nouma est intenable. La défense de l'Atletico Madrid – Molina, Gamarra et Roberto – est sur la brèche.

Héros du match aller,
Dacourt donne le tournis au Madrilène Njegus.

Nouma, Sakho, l'Atletico KO.

Vraiment canon

Le printemps offre aux Lensois un adversaire prestigieux, mais déboussolé. Rongé par de sourdes querelles intestines, l'Atletico Madrid, seulement dix-septième de la Liga, n'est plus qu'un fantôme arcbouté à la formidable réussite de son buteur, le Hollandais Jimmy Hasselbaink, ex-meilleur marqueur du championnat d'Angleterre sous le maillot de Leeds.

Le milieu de terrain Valeron évalue parfaitement la motivation des Espagnols quand il déclare : « Je ne sais rien de Lens. Notre avenir se joue dimanche prochain contre Séville. »

En récoltant 14 points sur 18 possibles, les Lensois sont remontés à la huitième place du classement. Et quand le moral va, tout va. « Puisque la fin de saison peut être palpitante, il faut regarder droit devant et foncer », affirme le défenseur Sikora. L'attaquant Sakho parle même de « tout faire péter ».

Avec Nouma en unique attaquant, Lens se jette à corps perdu dans le match aller en dépit du désavantage du terrain. Brunel (6e) et Nouma (9e) butent sur le gardien Molina, qui s'incline sur une frappe piquée de Dacourt promu meneur de jeu (16e). Hasselbaink égalise sur coup franc (21e). Beaucoup plus tard, dans une partie que les Madrilènes ne dominent jamais, Dacourt redonne l'avantage à Lens d'un superbe lob (78e). Une tête plongeante de l'incroyable Hasselbaink (79e) remet immédiatement dans la course une équipe espagnole qui s'en sort très bien avec ce résultat nul.

Nouma défie Ayala et Madrid.

« Le résultat final est un peu rageant », dit Nouma. Le défenseur Pierre-Fanfan explique avec ses mots ce que ressentent tous les Lensois : « De tout le match on n'a pas souffert. A 1-1 on était déjà dégoûtés. A 2-2 on l'était encore plus. »

Imprévisible alter ego d'Hasselbaink, Dacourt est bluffé par sa propre réussite : « Je remercie François Brisson qui m'a confié ce rôle de meneur de jeu. Il a peut-être eu une vision. Mais ce n'est pas mon poste. Je suis demi défensif. » Rarement contre-emploi fut aussi convaincant.

Désormais largement favori, Lens demeure méfiant : « Nous jouons un truc qui sort de l'ordinaire, explique Brisson. C'est pour cela que l'on doit avoir l'esprit d'un challenger. »

Le vainqueur de ce match retour affrontera au tour suivant celui de Vigo-Juventus (1-0 à l'aller pour la Juve). Et ce sera Lens, qui débouche au sprint d'une première demi-heure hésitante. Une tête de Nouma en lucarne sur un corner de Brunel ouvre le bal (29e). Un tir croisé de 16 mètres de Sakho, que Nouma a servi de la tête (37e), met le feu au stade Bollaert. Un coup franc d'Hasselbaink, toujours lui (45e), n'éteint pas l'incendie. Très vite après le repos, une tête sous la barre de Nouma (53e) recrée l'écart. Et si Kiko réduit de nouveau la marque (63e), un plat du pied de Brunel au second poteau (71e) envoie définitivement Lens… en Espagne. Vigo a passé un étourdissant 4-0 à la vieille dame de Turin dont deux joueurs ont été expulsés.

Nouma a la tête qui tourne : « C'est le match le plus plein de ma carrière à ce niveau. Je ne sais pas ce qui m'arrive, je recommence à marquer, dit-il. C'est dû à toute l'équipe qui a retrouvé la plénitude de son jeu. »

Ce ne sera pas du luxe pour se rendre en Galice affronter ces Espagnols qui avaient déjà passé un impensable 7-0 à Benfica Lisbonne au tour précédent. Mais les Lensois sont euphoriques : « On peut aller au bout », jure Brunel. « La Coupe d'Europe, ça rend fou », lui répond Brisson.

Lens n'a plus que l'Europe en tête et se

Ce superbe coup franc de Revivo semble propulser Vigo en demi-finale. Mais les Lensois n'ont pas dit leur dernier mot.

sent pousser des ailes. « L'aventure est extraordinaire, reconnaît Brisson, mais c'est arriver en finale qui serait historique. »

Le match aller, à Vigo, ne ferme en tout cas aucune porte. Lens a souffert comme jamais. Il a fallu des sauvetages en catastrophe de Queudrue, Ismaël ou Pierre-Fanfan pour protéger le but de Warmuz. Vigo a monopolisé le ballon et s'en sort pourtant très bien, car l'arbitre s'est trompé lorsqu'il a refusé à Nouma (88e) un but parfaitement valable. Sans ce hors-jeu intempestif, le hold-up aurait été royal.

Brisson est néanmoins lucide : « Pas question de faire la fine bouche », dit-il. « Nous avons arraché ce score nul avec nos tripes », déclare Warmuz. Ce que Dacourt confirme : « On a été au bord de la rupture, mais on a tenu. »

« C'est un match incroyable qui vaudra le détour, clame maintenant ce même Dacourt avant le match retour. Nous pouvons aller au bout. »

Pour José Pierre-Fanfan l'exemple vient d'en bas : « Il faudra s'imprégner de l'esprit de Calais et jouer comme des chiens », dit-il. Les Calaisiens viennent d'éliminer Strasbourg.

La première période laisse les choses en l'état : deux occasions pour Lopez et Karpine, deux occasions pour Brunel et Dacourt et pas de but. Celui-ci survient au moment où on l'attend le plus, car Lens souffre en début de seconde période. L'Israélien Revivo est survolté. Il force Warmuz à un bel arrêt (50e), gâche une formidable occasion en tête à tête (53e) et ouvre le score sur coup franc (56e). La tâche des Nordistes devient impossible. Ils doivent désormais marquer deux fois. Mais impossible n'est pas lensois. Un penalty généreusement accordé et transformé par Ismaël (62e), une reprise de près de Nouma sur un centre de Brunel (72e)

Nouma, homme clé de l'aventure lensoise. Il marque le second but contre Vigo.

et, dans un formidable charivari, le miracle s'accomplit. Lens n'a plus qu'à survivre à une étouffante fin de match disputée sur le but de Warmuz.

Les larmes coulent, le public exulte. Les Lensois sont bel et bien en demi-finale de cette épreuve qu'ils ont failli quitter dès le premier tour.

« Fabuleux », dit Ismaël. « Magnifique », dit Pierre-Fanfan. « Extraordinaire », dit Dacourt. « Merveilleux », dit Sakho. « Exceptionnel », dit le président Martel. Dans cette euphorie générale, Brisson se contente d'un « surprenant ». « A 1-0 on croyait vraiment que c'était terminé », reconnaît Gus Warmuz.

Pour forcer les portes de la finale, Lens devra faire sauter l'Arsenal de Wenger, Petit, Vieira et Thierry Henry qu'une injuste expulsion à Brême, où les Anglais ont gagné (4-2), privera du match aller. L'accumulation de cartons jaunes oblige également Ismaël et Pierre-Fanfan à regarder le match aller de la tribune d'Highbury. Blessé, Dacourt aura le même traitement.

« Après un hiver difficile, les Londoniens, transfuges d'une Ligue des champions où ils n'ont pas brillé, traversent une période d'invincibilité. Ils restent sur cinq succès consécutifs.

« Il faut y croire et se préparer au combat », assène Brisson. Le président Martel situe bien les différences de profil : « Quand Henry est suspendu, Wenger peut compter sur Bergkamp ou Kanu. » L'effectif des célèbres « Canonniers » est impressionnant.

Lens ne part pourtant pas battu, loin de là : « Nous ne devons pas être impressionnés », rabâche Brisson. « On peut bouger Arsenal », répète Brunel.

En vérité, Lens ne bouge pas beaucoup Arsenal, mais rentre chez lui avec une défaite minimum qui entretient l'espoir.

Quand Bergkamp propulsé par Petit résiste à Coly et Sikora avant de tromper Warmuz (2e), nombreux sont ceux – Lensois compris – qui craignent l'avalanche. Elle ne viendra jamais. « S'il y avait eu un second but, on plongeait », dira le défenseur Mawéné. Lens ne sera ballotté que vingt minutes. Trois parades formidables de Warmuz devant Kanu (10 et 18e) et Suker (85e), et un énorme raté d'Overmars (70e) expliquent ce sur-place qu'une tête de Nouma sur la barre (71e) manque de briser.

« On a montré qu'on pouvait leur faire mal », se réjouit Sikora. Brisson parle d'un « but stupide » et explique : « Je n'ai pas eu plus peur qu'à Vigo où nous avons été beaucoup plus secoués. On a été à la hauteur alors qu'on nous promettait le pire. » En face, Petit fait la moue : « Il faut reconnaître que nous avons mal joué. »

A Highbury, Bergkamp déborde Coly et Sikora, et ouvre très vite le score.

L'inimaginable bonheur n'est plus qu'à 90 minutes. « J'ai l'intime conviction que nous irons en finale, déclare Dacourt. Vouloir c'est pouvoir. A Bollaert, il y a toujours matière à exploit. » Les Calaisiens viennent tout juste d'y éliminer Bordeaux, en demi-finale de Coupe de France. Il ne faut pourtant pas oublier que Lens a toujours encaissé un but à domicile dans cette Coupe, qu'Arsenal a toujours marqué à l'extérieur, que Lens vient de prendre 4-1 à Paris, qu'Arsenal a gagné 4-0 à Leeds et que Thierry Henry est de retour.

« Si nous parvenons à préserver nos buts jusqu'à l'heure de jeu, le temps jouera pour nous », pense Nouma qui mise sur l'usure d'une défense anglaise vieillissante. Mais

A Bollaert, Henry donne le coup de grâce à Lens.

en moins d'une heure, Henry enfonce le clou du match aller. Sa frappe enroulée du pied droit décochée de l'angle de la surface de réparation est somptueuse et meurtrière (43e). C'est son 21e but officiel de la saison. Lens n'a jamais su comment aborder cette partie. Quatre fois, les Anglais dominateurs manquent de doubler la mise avant l'égalisation de Nouma d'une tête aux 6 mètres (73e).

Que se serait-il passé si Nouma, seul devant Seaman, n'avait pas frappé à côté (82e) ? Quelques minutes de folie, sans doute. Mais Nouma échoue, au contraire de Kanu qui reprend victorieusement un centre d'Overmars (87e).

La belle aventure est terminée. « Nous avons été tétanisés par l'enjeu », regrette Brisson. Les joueurs, pour leur part, ont vraiment l'impression d'avoir été battus par plus forts qu'eux. « Arsenal nous a été supérieur dans tous les compartiments du jeu », affirme Brunel. « Leur victoire est totalement méritée, ajoute Dacourt. Mais il ne faut surtout pas oublier ce qu'on a vécu et tous ces exploits. »

Le milieu de terrain lensois regarde derrière lui. Il n'a pas tort. Pas plus que Sikora qui préfère regarder devant pour déclarer non sans une certaine nostalgie : « L'an prochain, nous pourrons nous concentrer sur les compétitions nationales. »

Lens le magnifique est déjà orphelin de l'Europe.

Au match retour à Lens, Pascal Nouma, seul face à Seaman, manque une formidable balle de 2-1. L'espoir s'envole.

L'OM bon dernier

Les premiers de la classe ont bien mérité de hurler leur joie. Monaco a écrasé le championnat de France 1999-2000.

Du cavalier seul de Monaco, irrésistible en championnat, à la débandade absolue d'une équipe marseillaise pourtant promise à toutes les conquêtes, le championnat de France a offert à ses adeptes toute la palette des sentiments. Quand chaque point vaut une fortune, la roche Tarpéienne n'est jamais loin du Capitole.

Paris qui revit, Lyon qui rentabilise in extremis ses lourds investissements, Bordeaux qui surnage, Sedan et Saint-Étienne qui épatent, Montpellier qui se noie, Lens qui dévore le printemps, des Coupes nationales en délire, il n'a rien manqué à cette palpitante saison hexagonale. L'Europe était un autre monde. On peut toujours débattre du niveau de nos compétitions. Mais rien ne remplacera jamais la force de l'émotion. Que tous les élèves, les bons comme les mauvais, soient donc remerciés.

Voici le carnet de notes de la saison, précédé du pronostic de l'entraîneur... du moment.

16/20 : MONACO

CLAUDE PUEL : *« Monaco est un prétendant au titre. L'objectif de base est une place en C1. Et nous avons à cœur de réussir quelque chose de très bien en Coupe de l'UEFA. »*

La meilleure note pour une équipe qui a illuminé l'hiver par sa supériorité et son talent. Ce titre de champion, enlevé haut la main, n'efface pourtant pas totalement la très décevante élimination de la Coupe de l'UEFA par Majorque en huitième de finale ni la défaite en demi-finale de la Coupe de France contre Nantes au stade Louis-II. Monaco est le meilleur, mais Monaco pouvait encore mieux faire.

Les défenseurs – ici le Lensois Ismaël – ont eu fort à faire avec Marco Simone.

15,5/20 : PARIS SG

PHILIPPE BERGEROO : *« En championnat, il y a au moins quatre équipes qui nous sont supérieures. On peut viser la sixième place et accrocher une place européenne par le biais des Coupes. »*

Parti profil bas, le PSG, sans jamais verser dans la facilité, en chutant régulièrement face aux grosses cylindrées (deux défaites contre Monaco et… l'OM !), a toujours évolué en haut du classement. Cette permanence remarquable, qui lui a permis de finir excellent dauphin de Monaco, aurait pu être embellie par une victoire en Coupe de la Ligue. Gueugnon ne l'a pas voulu ainsi. Au moins, les Parisiens étaient-ils en finale.

13,5/20 : LENS

DANIEL LECLERCQ : *« L'objectif ne consiste pas à viser le titre mais à bien figurer pour être européen. Et pourquoi pas réussir un gros coup en Coupe de l'UEFA ? »*

A mi-saison, Lens était parti pour un 5 ou un 6/20. Défaillants dans les deux Coupes nationales (battus par Toulouse et Besançon), plantés en championnat, les Nordistes de Brisson ont formidablement réagi en multipliant les exploits européens et en terminant le championnat au sprint à une excellente cinquième place, synonyme de Coupe Intertoto. Pour cette résurrection, Lens mérite une excellente note.

13/20 : SEDAN

PATRICK RÉMY : *« On souhaite évidemment se maintenir. Il n'y aura pas de honte à redescendre si on n'a rien à se reprocher. Il ne faut surtout pas avoir de regrets. »*

Quand on aura dit qu'à quelques journées de la fin Sedan était encore sérieusement concerné par une place en Ligue des champions, on aura presque tout dit. Compte tenu des faibles moyens financiers du club, la performance en championnat des Ardennais est remarquable. Elle suffit à leur valoir une mention.

12,5/20 : LYON

BERNARD LACOMBE : *« C'est simple : il faut que nous soyons européens. Et le président nous a demandé de participer au moins aux quarts de finale de la C1. Pour le titre de champion, il nous donne trois ans. »*

Lyon ne s'est jamais véritablement remis de son élimination de la C1 au mois d'août par Maribor. Les énormes efforts consentis par les dirigeants pour renforcer l'effectif ont même failli être réduits à la portion congrue lors de la dernière journée. Si la saison n'a pas été mauvaise, elle laisse un sentiment de frustration accentué par la déroute à Brême en Coupe de l'UEFA et des éliminations à domicile (Monaco et Bastia) dans les Coupes.

Chaud bouillant le championnat. Marseillais et Parisiens s'expliquent.

12/20 : BORDEAUX

ÉLIE BAUP : *« Notre priorité, c'est le championnat. Il faut tendre vers le meilleur. La Ligue des champions est un autre monde. L'objectif est d'apprendre et de passer le premier tour. »*

Il n'est jamais aisé de confirmer un titre. Les Girondins l'ont appris à leurs dépens. Mener de front Ligue des champions et championnat est une gageure. Sorti brutalement de la C1, après un premier tour correct, Bordeaux a effectué un excellent retour en championnat, accrochant l'Europe au bout d'une fin de saison ternie tout de même par l'élimination face à Calais en demi-finale de la Coupe de France.

11,5/20 : NANTES

RAYNALD DENOUEIX : *« Si l'on oublie les principes de base du club, on se plantera. Il faudra se situer aux alentours de la sixième place. Les Coupes sont des compétitions beaucoup plus aléatoires. »*

Quelle saison bizarre ! Galériens en championnat, les Nantais ont été aériens en Coupe de France, éliminant Monaco puis conservant contre les rudes Calaisiens le trophée conquis la saison précédente. Leur parcours honnête en Coupe de l'UEFA (éliminés par Arsenal) n'avait pas laissé supposer qu'ils frôleraient la descente en D2. Au bout de tous ces contrastes, les Canaris méritent pourtant une note très honorable.

11/20 : SAINT-ÉTIENNE

ROBERT NOUZARET : *« Notre premier but est le maintien tout en ayant l'espoir de nous stabiliser en milieu de tableau. »*

Encore un promu qui a réussi plus que son devoir. Bien sûr, les deux Coupes nationales ont été catastrophiques (éliminations à domicile par Lorient et le Red Star), mais le parcours très satisfaisant des Verts en championnat – une qualification refusée pour la Coupe Intertoto – et leur jeu toujours très ouvert leur valent la moyenne.

Comme Wiltord et Fournier, Bordeaux et Lyon ont fait la course à l'Europe.

En championnat, Sibierski et les Nantais ont souffert. Sauf contre Lyon.

Même contre Simone et Monaco, Mettomo et Saint-Étienne ont fait bonne figure.

10,5/20 : AUXERRE

GUY ROUX : *« Parler de maintien commence peut-être à lasser les gens. Mon souci est de finir correctement ma vingtième saison en D1. Nous allons consacrer tous nous efforts à revenir dans la première moitié du classement. »*

Une toute petite moyenne pour Auxerre qui a fini en vrac une saison pourtant bien commencée avec une première place inattendue en championnat en milieu d'automne. Puis l'attaque, malgré Guivarc'h, s'est éteinte, les Coupes nationales (élimination à Amiens en Coupe de France !) ont causé des dégâts, et la saison s'est terminée dans l'anonymat d'une huitième place qualificative pour l'Intertoto grâce au forfait de Saint-Étienne.

10/20 : BASTIA ET TROYES

FRÉDÉRIC ANTONETTI : *« L'objectif est de passer une année relativement tranquille et de ne pas se faire peur en championnat. Huit équipes nous sont supérieures. On se situe entre la neuvième et la quinzième place. »*

Quasiment invincibles à Furiani, mais incapables de s'imposer à l'extérieur, les Corses ont passé toute la saison dans le ventre mou du classement sans grand espoir ni énorme crainte. Un passage express en Coupe de France (éliminés par Saint-Quentin, équipe de CFA !) et un autre plus convaincant en Coupe de la Ligue (battu en demi-finale à Paris) correspondent bien à une année sans grande saveur et simplement moyenne.

ALAIN PERRIN : *« On va travailler pour finir le mieux possible au sein du deuxième groupe, celui qui aura du mal à accrocher l'Europe. Le maintien se jouera à peu de chose, peut-être sur un match. »*

Tout le monde pensait les Troyens condamnés d'avance à la descente. Et tout le monde se trompait. Ce maintien mérite bien la moyenne, d'autant que c'est contre Lyon et Bordeaux que les Champenois ont chuté dans les Coupes. Au même titre que Sedan, mais à un degré moindre, Troyes est l'une des surprises de la saison.

Sourire pour Marlet d'Auxerre, rictus pour Luccin de l'OM. Ainsi va le championnat.

9/20 : STRASBOURG

PIERRE MANKOWSKI : *« Nous souhaitons finir entre la sixième et la huitième place. Nous devons franchir un cap. Être le plus près possible des grosses équipes. Et puis j'aimerais réaliser une performance dans l'une des deux Coupes. »*

Comme tous les ans Strasbourg espérait et Strasbourg s'est encore égaré, se battant même longtemps à hauteur des places de relégables à mi-saison. Par rapport aux moyens mis en œuvre, les résultats ont été insuffisants. A noter un doublé original mais hélas négatif avec une double élimination en quarts de finale dans les Coupes face aux héros de l'année, Calais et Gueugnon.

8,5/20 : METZ

JOËL MULLER : *« Nous serions déjà contents d'être en tête du deuxième peloton qui suivra les grosses écuries. Entre la huitième et la douzième place, mais de préférence plus près de la huitième. »*

Les Lorrains ont effectué un parcours très terne. Rarement battus, ils ont accumulé les matchs nuls (17 au total !), ce qui ne leur a jamais permis de s'extirper du peloton des équipes menacées. Si les éliminations en Coupes par Bordeaux et Strasbourg ne sont pas honteuses, elles alourdissent cependant un médiocre bilan.

8/20 : NANCY ET RENNES

LASZLO BOLONI : *« Je signerais tout de suite pour la quinzième place. Mais on tentera tout pour faire mieux. Dire qu'on vise le maintien n'est pas un manque de courage et d'ambition, mais du réalisme. »*

Il n'a pas manqué grand-chose aux Lorrains, souvent malheureux dans les ultimes minutes des rencontres, pour atteindre leur objectif. Développant toujours un jeu très correct, ils sont descendus en finissant avec 3 points de plus que la saison précédente. Ils ne méritent pas d'être accablés malgré une élimination à Thouars (National) en Coupe de France.

Une saison fade pour Kastendeuch – ici face à Guivarc'h – et les Messins.

Les Nancéiens – ici Chiba et Ferreira contre Lamouchi – ont lutté en vain pour rester en D1.

PAUL LE GUEN : *« Nous aimerions bien décrocher un billet européen sans passer par l'Intertoto. Nous avons un minimum d'ambition car nous possédons un bon effectif. »*

En fait d'Europe, Rennes a dû attendre l'ultime journée pour sauver sa place en première division. C'est dire à quel point les Bretons, pourtant revenus à la cinquième place à la fin des matchs aller, ont déçu en championnat. Les Coupes n'ont pas dégagé ce ciel très nuageux (défaites à Sochaux et à Nantes). Rennes fait partie des gros ratés de l'an 2000.

6/20 : LE HAVRE

FRANCIS SMERECKI : *« Il faut aller le plus vite possible vers les 35 points qui permettent d'assurer le maintien. Et l'on peut toujours se dire que l'on sera l'équipe surprise du championnat. »*

Les Normands ne se sont quasiment jamais extirpés des trois dernières places et ont lourdement dérapé dans les deux Coupes (éliminés par Beauvais et le Red Star, deux clubs de National). Ils ont vécu une saison douloureuse qui s'est achevée par une descente, la démission du président Hureau et le limogeage de l'entraîneur. On a déjà vu mieux.

Le Havre – ici Boumsong – ne jouera plus dans la même division que Monaco.

5/20 : MONTPELLIER

JEAN-LOUIS GASSET : *« Se poser en trouble-fête derrière les six ou sept intouchables est un objectif raisonnable. Si la Coupe Intertoto ne nous coupe pas les jambes, nous pourrons prétendre être le poil à gratter du championnat. »*

Ici, pas question de poil à gratter, mais plutôt de fluide glacial. Grisés et usés par leur aventure de l'été en Coupe Intertoto, les Héraultais, pourtant sérieusement renforcés (une attaque théorique Loko-Ouédec-Pedros), se sont complètement effondrés en automne. C'est chevillés à la dernière place qu'ils ont traversé une épouvantable saison, quittant au passage très rapidement les Coupes nationales à Lorient et à Bastia.

Ravanelli muselé, l'OM enfoncé.

3/20 : MARSEILLE

ROLLAND COURBIS : *« Je crois que nous serons encore compétitifs. Nous avons les mêmes ambitions que l'an dernier. J'espère que si nous arrivons à 71 points il n'y aura pas une équipe euphorique comme Bordeaux qui nous empêchera d'être champions. »*

Les chiffres parlent d'eux-mêmes. Ils sont d'une implacable cruauté. A deux buts près, l'OM descendait en D2 alors qu'il visait le titre et un quart de finale européen. Le remplacement de Courbis par Casoni n'y a rien fait. Et les victoires européennes sur Manchester et Chelsea ne compensent pas un impensable dérapage qui s'est poursuivi jusque dans les coulisses. L'OM de l'an 2000 a fait un « bide » absolu. Il égale la plus mauvaise note (Saint-Étienne 1996) jamais donnée dans ce carnet annuel.

Anelka à la folie

Il brandit la plus belle des Coupes d'Europe, et c'est un miracle. Au bout de la plus chaotique, la plus tourmentée, la plus angoissante des saisons, Nicolas Anelka devient le plus jeune Français (21 ans) champion d'Europe de l'histoire.

Impossible de faire le tri entre ce qu'il doit au Real Madrid et ce que le Real lui doit. Ce huitième triomphe continental du club espagnol est radical. Englué en championnat, il a sorti de la C1 Manchester et le Bayern, les deux finalistes 1999. Au Stade de France où l'Espagne a enfoncé sa corne, Valence, invité surprise, n'a pas existé. Le Real est indestructible. Éternel et admirable.

Morientes a ouvert le score d'une tête piquée au second poteau à l'arrivée d'un centre de Salgado (39e). McManaman a mis fin au suspense d'une subtile reprise de volée décroisée de 20 mètres (67e). Raul, fier matador, a achevé la bête en ponctuant victorieusement une échappée de 50 mètres (75e).

Dans un rôle qu'il déteste, confiné sur le flanc droit, Nicolas Anelka s'est «sacrifié pour l'équipe», dit son entraîneur Vicente Del Bosque. Le rebelle ne dépose pas les armes : «J'ai joué milieu droit ou arrière droit, mais tout le monde sait que je suis attaquant dans l'axe. S'ils ne le voient pas, tant pis pour eux. Rien n'a changé.» Un ultime missile à l'heure du bonheur.

Idéaliste forcené, Anelka ne supporte qu'une seule règle : la sienne. Qu'une seule loi : la sienne. Fou de justice et de logique absolue, il est forcément et férocement décalé dans un monde ultraprofessionnalisé où les intérêts de l'individu ne peuvent jamais passer avant ceux de la collectivité.

Une première C1 à 21 ans.

Anelka ne supportait plus l'Angleterre et sa presse assassine. On l'attendait à Rome et à la Lazio, il atterrit à Madrid et au Real, le club le plus compliqué du monde.

Jamais un club espagnol n'avait déboursé autant d'argent pour un joueur. Sur l'étiquette de la «petite folie» du président Sanz, deux chiffres provocateurs : 220 millions de francs de transfert, 2 millions de francs de salaire net mensuel.

Le président Sanz voulait Anelka. Il l'a eu en échange d'une fortune.

Ce but-là vaut de l'or pour le Real, qui élimine le Bayern, et pour Anelka relancé.

A ces tarifs gigantesques, il faut parfois faire fi de sa personnalité, de ses rêves, de ses émotions. Anelka ne le veut pas. Anelka n'admet pas que l'enjeu puisse parfois tuer le jeu. Anelka rêve de bonheur et de simplicité, de plaisir et de copains. Anelka est un cas.

Très vite, il a compris l'ampleur du malentendu. Raul et Morientes, les deux attaquants emblématiques du Real, ne sont pas prêts à se laisser chiper quelques parcelles de leur gloire. L'entraîneur gallois John Toshack est embarrassé par le cadeau empoisonné de son président.

Il ne manque aucun des ingrédients du drame à venir. « Je ne cherche pas les embrouilles », martèle Anelka, alors qu'il les cultive sans même s'en apercevoir. Il refuse de donner du temps au temps, impatient de sa réussite, sûr de ses atouts et de sa force.

Pour un pas en retrait – « J'aime être servi en profondeur, mais c'est à moi de m'adapter », dit-il après ses débuts en championnat le 21 août – que de charges à la hussarde.

Une pauvre apparition sous le maillot bleu en Ukraine début septembre (0-0) le ravage au-delà de la normale. La remise en cause est absolue : « Je veux m'amuser et ce n'est pas le cas. Sans plaisir, autant arrêter le foot. »

La presse espagnole bondit sur cette gaminerie en forme de pain bénit et le matraque.

Fin novembre, le Real change d'entraîneur. De retour de blessure, Anelka s'enferme dans sa logique : « Je ne changerai pas mon jeu même si je n'inscris aucun but de la saison. Je n'ai pas rejoint le Real pour jouer sur l'aile droite. Pour ça, ce n'était pas la peine de me recruter. »

Ses détracteurs s'en donnent à cœur joie. Son obstination passe pour une paranoïa aiguë. Quand enfin il trouve le chemin des filets, début janvier lors du championnat du monde des clubs au Brésil, il en rajoute tant et plus qu'il semble creuser le puits sans fond d'une tragique destinée : « Je ne comprends pas pourquoi tout ce que je dis devient quelque chose d'énorme. Tout le monde sait que je joue avant-centre et on m'utilise sur le côté droit. » Une rengaine obsédante et obsessionnelle.

Une nouvelle blessure brise son élan. Il revient fin février pour marquer son premier but en championnat contre le Barça. Il se croit tiré d'affaire et lâche : « Ils m'ont compris et moi j'ai compris leur jeu. Comme je m'entends idéalement avec mes partenaires, je marquerai d'autres buts. »

Son énorme force de caractère est aussi une terrible faiblesse. « Je vais toujours au bout de mes idées. Quand j'ai pris une décision, il est impossible de me faire changer d'avis », répète-t-il à l'envi. En désaccord avec les choix tactiques de Del Bosque, le 10 mars il refuse de s'entraîner. Sa bombe lui explose au visage. La sanction est impitoyable. Il est suspendu d'entraînement collectif et de salaire pendant quarante-cinq jours. Les médias ibériques s'acharnent avec une folle violence sur cette tête de lard devenue tête de Turc. Les journalistes le harcèlent, campent devant sa maison : « Qu'il s'en aille avec ses consoles vidéo et ses jeux virtuels », écrit un grand quotidien influent.

Dans *France Football*, Anelka se livre à une incroyable confession dont on imagine qu'elle scelle définitivement son sort madrilène.

En voici les meilleurs extraits. Attachez vos ceintures : « Je ne sers à rien. Ils n'ont pas compris mon jeu. Ils ne veulent pas jouer avec moi... Le Real a des grands joueurs, mais pas une grande équipe... Aujourd'hui, je suis le premier à dire que je suis bidon... Je n'ai jamais consenti autant d'efforts pour m'intégrer. J'ai participé à tous les repas de groupe alors que j'estime que ça ne sert à rien. Ce n'est pas parce qu'on rigole ensemble en mangeant des spaghettis que l'on va mieux jouer… On me traite comme un chien… Certains partenaires me torpillent dès que je tourne les talons. Ils ne savent pas qui je suis. On ne me manipule pas… L'argent ne m'intéresse pas. Qu'ils reprennent leur pognon. Je joue pour le plaisir, pour m'amuser, pour m'éclater. Pas pour le pognon… Ma saison n'est pas terminée puisqu'elle n'a jamais commencé… Je ne m'habitue pas au statut de star. Quand je rentre chez moi à Trappes, je ne suis pas une star. »

En finale au Stade de France, duel entre Pellegrino et un Anelka un peu effacé.

Fermez le ban ? Non, cette petite phrase encore : « Demain, tout peut s'arranger. S'il y a une justice, je continuerai ma route. » Il est gracié à mi-peine. En deux matchs et deux buts inscrits en demi-finale de la Ligue des champions contre le Bayern Munich, dont une fameuse tête au match retour, tout bascule.

Mais rien n'y fait. Là où Éric Cantona avait choisi la violence et le mutisme, Nicolas Anelka brandit une calme détermination et des mots chocs pour apaiser ses maux : « Dans ce milieu, dit-il avant la finale, il faut mentir et être hypocrite comme les autres, sinon ce n'est pas bon pour toi. Beaucoup savent que je ne suis pas le type arrogant et prétentieux que l'on décrit. C'est simple, pourtant : j'ai 21 ans, j'aime le football et je veux pouvoir y jouer. »

Pathétique, majestueux et humain, tellement humain dans ses formidables contradictions, Anelka le surdoué a choisi la route la plus pentue qui soit. Loin de toute neutralité, elle le déposera but après but sur le sommet de la réussite absolue ou l'enfouira crise après crise dans le cul de basse-fosse d'un échec programmé.

Mais en privilégiant le retour d'exil, le Paris SG, sa famille, ses copains et son club fétiche, l'enfant prodigue s'est peut-être ouvert le chemin de la sagesse et du bien-être, en même temps que celui de sa future gloire en majuscules.

Valence aux abois, Anelka aérien mais sans la même réussite qu'en demi-finale contre le Bayern.

Laurent Blanc s'est fait une place au soleil à l'Inter de Milan.

Benoît Cauet, poumon du milieu de terrain de l'Inter.

Ibrahim Ba, transféré à Pérouse, a plongé dans l'anonymat.

Une saison galère pour N'Gotty prêté par Milan à Venise.

Henry superstar

Tous pays et toutes divisions confondus, ils étaient plus de 150 footballeurs professionnels français à évoluer la saison dernière dans des championnats étrangers. L'arrêt Bosman, qui autorise la libre circulation des joueurs dans l'espace européen, favorise ce courant migratoire fait de flux mais aussi de reflux pour ceux qui ne parviennent pas à s'imposer.

La vie d'expatrié est rentable. Elle n'est pas toujours rose. Même pour des champions du monde en titre. De Z comme Zidane, à A comme Arphexad, en route pour un voyage agité hors de nos frontières avec Thierry Henry en superstar.

ITALIE

Zinedine Zidane est demeuré l'incontournable maître à jouer de la Juventus. Mais, comme à son habitude, il n'a pas marqué beaucoup de buts et a connu une terrible désillusion. Les Turinois ont laissé échapper à l'ultime journée un titre qui leur tendait les bras.

A l'Inter de Milan, **Blanc** s'est montré souvent brillant et **Cauet** omniprésent. Ce qui leur a permis d'arracher in extremis une place en Ligue des champions aux dépens de Parme où **Thuram** n'a jamais failli, mais où **Boghossian**, gravement blessé et **Dabo**, rarement titulaire, n'ont pu donner leur pleine mesure.

Zidane a raté le titre italien.

Dure saison pour **Ngotty** et **Ba** qui ont quitté le Milan AC. Le premier pour Venise, descente en deuxième division à la clé.

Le second pour Pérouse où une grave blessure l'a stoppé net au cœur de l'hiver.

Avant d'être blessé lui aussi et de rater la fin de saison, **Candela** s'est montré irréprochable avec une AS Roma très vite débordée et reléguée à la sixième place.

Le jeune gardien **Frey** a impressionné du côté de Vérone, excellent neuvième. Une brillante carrière s'ouvre devant lui. Quant à **Zebina**, il n'a pas empêché Cagliari de plonger en deuxième division.

ESPAGNE

Nous détaillons par ailleurs l'incroyable parcours de **Nicolas Anelka** au Real Madrid où **Karembeu**, malgré son statut, s'est contenté toute la saison d'un strapontin sur le banc de touche et de quelques fugitives apparitions.

Angloma a été l'un des plus solides piliers de la surprenante équipe de Valence, finaliste en C1 et troisième de la Liga. **Roche**, sérieusement blessé, n'a pas pu l'accompagner très longtemps dans cette formidable aventure.

L'infatigable **Makelele** a encore beaucoup travaillé à Vigo. Plus souvent, en tout cas, que le gardien **Dutruel**. La divulgation de son futur transfert à Barcelone a incité son entraîneur à l'écarter d'une équipe longtemps brillante en Coupe de l'UEFA (élimination de Benfica et de la Juventus), mais seulement septième en championnat.

A Barcelone, **Dehu** a souffert de la très forte concurrence. Il a été le plus souvent remplaçant. Au Rayo Vallecano, un temps leader de la Liga, le défenseur **Hernandez** a effectué une excellente saison. C'est également le cas de l'ex-Auxerrois **Danjou** à

Lizarazu a flambé au Bayern, Karembeu a peu joué au Real.

A Kaiserslautern, Djorkaeff est vite devenu le chouchou du public.

Anelka, de passage au Real.

Oviedo, dans une équipe qui a assuré son maintien et au sein de laquelle **Rabaravony**, encore un ancien Bourguignon, a été moins utilisé que la saison précédente.

ALLEMAGNE

Joli parcours pour nos deux représentants. L'indispensable **Bixente Lizarazu** est devenu champion avec le Bayern de Munich. S'il n'a pas disputé la finale victorieuse de la Coupe d'Allemagne, il a tout de même participé auparavant à cette conquête.

L'efficace **Djorkaeff** est très vite devenu le chouchou de Kaiserslautern, sixième et qualifié pour la Coupe de l'UEFA.

ANGLETERRE

Dans ce championnat où l'usage du français est devenu courant, la palme revient à **Thierry Henry**, auteur de dix-sept buts en championnat à la pointe d'une équipe d'Arsenal deuxième derrière Manchester et finaliste de la Coupe de l'UEFA. **Vieira** et **Petit** ne sont évidemment pas étrangers à ces excellents résultats. Ils ont encore une fois été irréprochables, tout comme **Grimandi** très souvent titularisé par Arsène Wenger.

Arrivé à l'automne de Milan, le remarquable **Silvestre** a très vite trouvé sa place au sein de la défense de Manchester. Le voilà champion d'Angleterre.

Henry s'étonne lui-même.

Deschamps, **Desailly** et **Lebœuf** se sont contentés de la Coupe d'Angleterre, ce qui n'est pas rien, après une saison nationale – cinquième – et un parcours européen décevants. Le capitaine de l'équipe de France a même plusieurs fois été écarté du onze de départ. **Lambourde** s'est rarement extirpé d'un effectif pléthorique et impressionnant.

Du côté de West Ham, **Keller** a été généralement titulaire dans une formation qui a fini neuvième du championnat. **Kanouté**, en rupture de Lyon, l'a rejoint à la fin de l'hiver. Il a rapidement séduit.

A Tottenham, **Ginola** a beaucoup moins brillé que la saison précédente au sein d'une équipe simplement moyenne et dixième du classement. A Newcastle, médiocre onzième, **Domi** a été excellent et **Charvet** très souvent titularisé. **Colleter** a connu des hauts et des bas à Southampton, quinzième du championnat.

Le gardien **Arphexad** a réalisé d'excellentes prestations dans les buts de Leicester, bon huitième du championnat. Il faut aussi mentionner les passages éclair et décevants de **Gravelaine** à Watford et **Rodriguez** à Bradford.

Une Cup à l'accent français avec Lebœuf, Desailly, Lambourde et Deschamps.

Patrick Vieira, magnifique travailleur de force d'Arsenal.

Emmanuel Petit, pilier d'Arsenal.

ÉCOSSE, PAYS-BAS

L'international **Frank Sauzée** a mis un terme à sa carrière après une ultime saison à Hearts of Middlothian troisième du championnat écossais. Hearts, où le gardien de but **Rousset** est demeuré un solide dernier rempart.

Sale année pour **Cocard** neuvième sur dix de la compétition avec Kilmarnock. Blessé en début de saison, **Mahé** n'a pas pu totalement confirmer son excellente première année au Celtic.

Soulignons enfin l'étonnante carrière de **Martel** aux Pays-Bas. Percutant avec l'attaque d'Utrecht, l'ancien Parisien a été transféré à l'intersaison au Vitesse Arnhem qualifié pour la Coupe de l'UEFA.

Le match de toute une vie

Le mercredi 23 février 2000, l'Angleterre a pleuré. Comme l'Angleterre aime pleurer quand s'en va l'un de ses héros. Ce soir-là, dans le stade de Wembley, l'équipe d'Angleterre s'apprêtait à affronter l'Argentine, mais l'Angleterre de Beckham et des Spice Girls pleurait l'Angleterre d'avant les Beatles et du temps de l'Empire.

L'Angleterre de toujours pleurait sir Stanley Matthews et aussi son passé, un temps où le football était beaucoup plus que le spectacle surchargé d'images d'aujourd'hui, un temps où il était la vie du peuple. Le grand journaliste Jeff Powell trempa son stylo dans des larmes acides : « Sir Stanley est parti la nuit où l'équipe nationale commençait sa quête de héros d'un nouveau siècle. C'est comme si le sorcier du dribble mettait la génération des Spice Boys au défi de retrouver les valeurs et les traditions de l'âge d'or. Les footballeurs roulant en Ferrari sont entrés sur le terrain sous l'ombre nostalgique d'un maître artisan qui se rendait au travail en bus. »

L'Angleterre pleurait un grand joueur, le Prince du dribble, tout en vitesse et en immobilité, qui n'oublia jamais le conseil que lui avait donné, en ses années d'adolescence, le grand Billy Meredith : « Dribble comme tu sais. Ne perds pas la tête et souviens-toi de mettre la balle au deuxième poteau. » Quiconque le trouva sur son chemin ne pouvait pas l'oublier.

Une carrière pro de 33 ans.

Joe Mercer le trouvait « injouable ». Son copain Tommy Lawton se souvint toute sa vie d'un match à Glasgow, en 1939, où les Anglais allèrent battre les Écossais pour la première fois depuis douze ans : « Les costauds Écossais suppliaient, avec des trémolos dans la voix, que quelqu'un arrête Matthews. » Tous, même le grand Brésilien Nilton Santos, humilié un jour de 1956 à Wembley, finissaient par croire l'histoire qu'on racontait dans les vestiaires : Matthews était tellement rapide qu'il était capable d'éteindre la lumière de sa chambre et de se mettre sous les draps avant qu'il fasse noir !

Si l'Angleterre l'a tant pleuré, c'est qu'elle avait le sentiment de perdre un de ces footballeurs qui étaient aussi des hommes du peuple, aux histoires de sueur, de courage et de forts sentiments. Son jeune coéquipier, l'ancien international Jimmy Armfield, qui débuta sa carrière à Blackpool au crépuscule de celle du grand Stanley, regrette la médiamanie d'aujourd'hui : « Les gars d'aujourd'hui passent à la télé, toutes les deux minutes. Matthews n'a pas connu cela. Il n'a jamais oublié ses racines. Il n'a jamais essayé d'être ce qu'il n'était pas. »

Matthews n'oublia jamais, ça non, ses premiers pas de sportif. Son père, un dur de dur, tout à la fois coiffeur et boxeur aux 350 combats disputés dans tous les coins de la rude région de la céramique anglaise, lui fit découvrir le stade de Stoke City, Victoria Ground, alors qu'il avait 6 ans. Il l'y avait conduit, à pied, depuis leur cité de Hanley, à 2 kilomètres de là. Le but de la visite, c'était une course pour les mômes. Stan courut contre des gamins plus vieux de trois ou quatre ans. Il allait déjà rudement vite. Il gagna. Son père avait pris des paris avec les books du coin. Il rentra à la maison avec les poches pleines !

Le coiffeur lutteur de Hanley – c'était son surnom de boxeur – aurait bien aimé que son fils monte sur le ring. Il l'entraînait sévèrement pour cela. Un matin, alors qu'il devait avoir 13 ans, après une heure de rude entraînement, Stan se sentit tellement mal qu'il vomit dans la cuisine. Sans un mot, sa mère l'aida à aller se coucher. Puis elle alla trouver son mari et ne mâcha pas ses mots : « Tu ne te rends pas compte

Révélé sous le maillot de Stoke.

qu'il n'a qu'une chose en tête et que toi, tu veux absolument lui en faire faire une autre ? Alors, Jack Matthews, tu vas aller le trouver dans sa chambre. Tu vas lui dire que tu l'aimes et que tu feras tout ce qui est en ton pouvoir pour l'aider à réaliser son rêve. Et son rêve, c'est de devenir footballeur. » Son père s'exécuta : « Écoute, mon fils. Si tu penses être capable de devenir international scolaire avant de quitter l'école, vas-y. » Stan, qui savait que son père était joueur, lui lança : « Pari tenu ! » Dans l'année qui suivit, il portait son premier maillot d'international anglais, en scolaires, à Bournemouth, contre les Gallois, devant 20 000 spectateurs.

L'histoire d'un grand footballeur commença ainsi. Une rude histoire comme les aiment les ouvriers de Stoke, ceux qui chantent debout dans les gradins, la casquette ruisselante de pluie sale. Jeune apprenti de Stoke City, Matthews fait le chemin Hanley-Stoke à pied. Il faut vraiment qu'il neige pour qu'il ait le droit de prendre le bus. Il joue son premier match pro à 17 ans. Il devient international à 19. En 1938, 3 000 personnes manifestent pour l'empêcher de quitter le club.

Puis vient la guerre. Quand elle s'achève, Matthews a atteint la trentaine. En janvier 1945, son père se meurt, à l'hôpital de Stoke. Son fils accourt à son chevet. Le vieux boxeur fait un effort, le dernier, lui demande d'approcher et d'écouter : « Je te demande de faire une dernière chose pour moi. C'est de réaliser ce qui a été ma seule ambition pour toi. » Il lui chuchote quelque chose. Stan promet. Il gardera le secret jusqu'à la fin de sa vie, ne dévoilant ce dernier vœu paternel que lorsqu'il publiera ses mémoires : avant de mourir, il lui avait demandé de gagner la Coupe d'Angleterre.

Et vous voudriez, cinquante ans plus tard, que l'Angleterre retienne ses larmes ?

Mais Matthews a déjà 33 ans quand il dispute sa première finale, celle de 1948. Blackpool perd, contre Manchester United (2-4). Il en a 36 quand il joue sa deuxième, celle de 1951. Mais Blackpool perd encore, victime de Newcastle et de Jackie Milburn (0-2).

C'est un temps où l'on se dit que la fin approche, pour le vieux Stan. Jimmy Armfield se souvient de cette époque : « Blackpool a fait ses meilleures affluences à cette époque. Les pères emmenaient leurs enfants voir jouer Matthews avant qu'il prenne sa retraite. Tout le monde pensait que c'était sa dernière saison et il fallait que le gamin ait vu cela au moins une fois. Sa dernière saison dura quinze ans ! »

Matthews a, quand même, une dernière chance. Une troisième fois, Blackpool revient à Wembley, le 2 mai 1953. Ce printemps-là, l'Angleterre va connaître

A 38 ans, Matthews décroche son premier titre, une Cup avec Blackpool.

En 1955, à 40 ans, sous le maillot anglais, il affronte la France du « jeune » Marche.

l'extase. Dans quelques semaines, aura lieu le couronnement d'Élizabeth II et Edmund Hillary atteindra le sommet de l'Everest. La troisième merveille britannique de cette année sera la finale de la Cup. Avant le match, on l'a appelée la « finale du couronnement », disputée, naturellement, en présence de la future reine. Après le match, Matthews le modeste estimera qu'on devrait l'appeler la finale de Mortensen, auteur de trois buts. Mais, pour l'éternité, elle restera comme la « Stanley Matthews Final ».

Il a donc 38 ans, quand il pénètre sur la vénérable pelouse baignée de soleil, dans la colonne orange des joueurs de Blackpool, au côté de celle, blanche, de Bolton. Sans doute a-t-il le vœu du père au fond du cœur. Et, une fois encore, l'affaire semble mal engagée. A moins d'une demi-heure du terme, Bolton mène 3-1. Mais Matthews, lui, ne pense qu'à jouer : « Je ne voulais surtout pas penser à la Coupe, au score, aux minutes qui passaient. Je me disais seulement : continue à jouer, continue encore. Au moins, tu pourras te dire que tu as fait cela. »

A la 68e minute, Mortensen marque son deuxième but. L'excitation est à son comble. On voit même des femmes de joueurs quitter les tribunes. Elles ne veulent pas voir cela. Elle ne verront donc pas Mortensen marquer une troisième fois, à la 89e minute. Elles ne verront pas Matthews, pendant les arrêts de jeu, déborder une dernière fois, centrer une fois encore comme le vieux Meredith le lui avait dit, il y a si longtemps. Et Perry réceptionner le centre, marquer, offrir à Blackpool sa victoire et à Matthews le cadeau qu'il devait à son père, en conclusion de ce qu'il appellera « le match de [sa] vie ».

Et vous voudriez que l'Angleterre ne pleure pas en se souvenant d'une histoire comme celle-là ?

Une histoire pas encore finie, et nul ne le regrettera : à 41 ans, il recevra de l'hebdomadaire *France Football* le premier Ballon d'or européen. A 42 ans, lui le mal-aimé de l'équipe d'Angleterre jouera son 54e et dernier match de sélection. A 46 ans, il quittera Blackpool et sa plage où, jusqu'au bout, il perfectionnait sa vitesse, pour regagner son cher Stoke City. Il sera payé 50 livres par semaine et 25 livres de prime par match. Les gens lui disent qu'il aurait dû demander 100 livres. Il leur répond : « Est-ce que l'argent vous fait mieux jouer ? » Et deux ans plus tard, Stoke, qui bat ces années-là ses records d'affluence, remontera en première division. A 48 ans, il sera encore élu footballeur anglais de l'année. Et, à 50 ans, le tout nouveau chevalier de l'Empire quittera pour de bon Victoria Ground, juché sur les épaules de Yachine, de Puskas et des plus grands joueurs européens venus lui rendre hommage. La télé est encore en noir et blanc. Pour la plupart des amateurs du football du monde, les seules images de Matthews joueur datent de ce jour-là.

Pour beaucoup, son dernier jour de joueur fut aussi un peu le leur. Les Beatles, cet été 1965, chanteraient *Yesterday*, et l'on penserait à hier.

Ce soir de février 2000, à Wembley et partout, le peuple anglais repensa beaucoup à hier. Certains, peut-être, se souvinrent d'un morceau de 1964, qui disait :

« La nuit dernière, j'ai fait le rêve le plus étrange que j'aie jamais fait. Stan Matthews jouait à l'aile pour Stoke. A l'âge de 84 ans. »

Didier BRAUN

Du foot à gogo

Vous savez tout, ou vous allez bientôt tout savoir de la saison de football. Tout, sauf une foule d'informations qui font que le monde du ballon rond est en perpétuelle effervescence. Douze mois sur douze, vingt-quatre heures sur vingt-quatre. Pour que la fête soit complète, voici tous les faits.

Juillet 1999

LE BRÉSIL HAUT LA MAIN

- Expulsé contre Andorre en juin, Christophe Dugarry est suspendu pour quatre matchs officiels de l'équipe de France.
- Les États-Unis remportent le titre de champion du monde féminin en battant la Chine (0-0, 5 tirs au but à 4).
- Le Brésil enlève pour la sixième fois la Copa América en battant l'Uruguay en finale (3-0, deux buts de Rivaldo, un but de Ronaldo).
- La France est éliminée au premier tour du championnat d'Europe junior. Le Portugal remporte la compétition.
- Nantes enlève le Trophée des champions en battant Bordeaux (1-0).

Août 1999

SUPER LAZIO

- Thierry Henry quitte la Juventus pour Arsenal et Youri Djorkaeff l'Inter de Milan pour Kaiserslautern.

Henry de Turin à Londres.

- A Mexico, le Mexique enlève la Coupe des Confédérations en battant en finale le Brésil privé de ses joueurs vedettes (4-3).
- L'Angleterre, l'Allemagne, l'Afrique du Sud, le Maroc et le Brésil déposent leur candidature pour l'organisation de la Coupe du monde 2006.
- Décès de Georges Boulogne, entraîneur de l'équipe de France 1969 à 1973, puis directeur technique national.
- Rennes et Metz sont éliminés de la Coupe Intertoto. Les Bretons par la Juventus (2-0, 2-2), les Lorrains par West Ham. Après s'être imposés à Londres (1-0), ils perdent à domicile (3-1).

Rivaldo et le Brésil enlèvent leur sixième Copa America.

Un premier titre pour la Lazio à Monaco. Le Calcio suivra.

•A Monaco, la Lazio Rome enlève la Supercoupe d'Europe en battant Manchester (1-0, but de Salas).

Septembre 1999

DUGARRY BLANCHI

•La France A' bat l'Allemagne A' 3-1 (deux buts de Maurice, un but de Monterrubio).

•L'équipe de France espoir fait match nul en Ukraine (0-0), puis s'impose en Arménie (4-1).

•En match amical, les Pays-Bas et la Belgique font match nul, 5-5.

•Mickaël Silvestre quitte l'Inter de Milan pour Manchester.

•Le maire de Bruges annule le match au sommet du championnat de Belgique Bruges-Anderlecht par crainte d'incidents.

•Contrôlé positif à la Nandrolone, Christophe Dugarry est blanchi pour vice de forme.

•Licenciements de Joël Bats, Guy David et Philippe Anziani respectivement entraîneurs de Châteauroux, Nice et Sochaux.

Silvestre flambe en rouge.

Octobre 1999

L'EURO AU PORTUGAL

•La Croatie est éliminée de l'Euro 2000 après un match nul à domicile (2-2) contre la Yougoslavie.

•L'équipe de France espoir bat l'Islande (2-0) et se qualifie pour les huitièmes de finale de son championnat d'Europe.

•Le Portugal obtient l'organisation du championnat d'Europe 2004.

•Patrick Vieira est suspendu pour six matchs et condamné à 450 000 francs d'amende pour avoir craché sur un adversaire lors d'un match de championnat.

•Gérard Gili devient sélectionneur de l'équipe d'Égypte.

Novembre 1999

RONALDO AU TAPIS

•André Zawacki, principal agresseur du gendarme Nivel à Lens lors de la Coupe du monde 1998, est condamné à 10 ans de prison par un tribunal allemand.

•Décès à 86 ans de l'ancien international du Racing Club de Paris, Lucien Jasseron. Il avait gagné la Coupe de France comme joueur (1945), puis comme entraîneur avec Le Havre (1959) et Lyon (1964).

•La Slovénie élimine l'Ukraine de l'Euro.

•L'équipe de France est éliminée du championnat d'Europe espoir et des jeux Olympiques de Sydney en s'inclinant contre l'Italie (1-1, 1-2).

•Manchester remporte la Coupe Intercontinentale des clubs à Tokyo en battant les Brésiliens de Palmeiras (1-0, but de Keane).

•Opéré du genou droit à Paris, Ronaldo est indisponible pour plusieurs mois.

Décembre 1999

RIVALDO COUSU D'OR

•L'Angleterre et l'Allemagne se retrouvent dans le même groupe qualificatif pour la Coupe du monde 2002.

Pour Beckham et Manchester, l'année 1999 s'achève sur un nouveau triomphe en coupe Intercontinentale à Tokyo.

- L'Angleterre et l'Allemagne se retrouvent dans le même groupe de la phase finale de l'Euro 2000. La France qui n'est pas tête de série affrontera le Danemark, la République tchèque et les Pays-Bas.
- Le Raja Casablanca devient champion d'Afrique des clubs en battant l'Espérance de Tunis (0-0 à l'aller, 0-0 au retour et 4 tirs au but à 3).
- Les dirigeants du PSG annoncent que le contrat de Bernard Lama ne sera pas prolongé.
- Le Brésilien de Barcelone Rivaldo devient le 44e Ballon d'Or de l'histoire. Il succède à Zidane (1998) et Ronaldo (1997).
- Le Hollandais Clarence Seedorf quitte le Real Madrid pour l'Inter de Milan.

Janvier 2000

CORINTHIANS ROI DES CLUBS

- Jocelyn Gourvennec signe à Rennes. C'est son troisième club de la saison après l'OM et Montpellier.

Rivaldo, 44e Ballon d'Or.

- Diego Maradona est hospitalisé à la suite d'un malaise cardiaque. Il effectuera sa convalescence à Cuba.
- George Weah quitte le Milan AC pour Chelsea.
- A Rio, Corinthians de São Paulo devient champion du monde des clubs en battant en finale une autre équipe brésilienne, Vasco de Gama (0-0, 4 tirs au but à 3).
- Le Japonais Nakata est transféré de Pérouse à la Roma pour 165 millions de francs. C'est le cinquième plus gros transfert de l'histoire du Calcio.
- Rivaldo est élu joueur de l'année 1999 par le jury de la Fédération internationale composé de 141 entraîneurs nationaux.
- Opéré des ligaments du genou droit, Alain Boghossian est forfait pour l'Euro.

Février 2000

CHAMPION LE CAMEROUN

- Les joueurs de l'équipe de Côte-d'Ivoire sont « rééduqués » 48 heures dans une ca-

Les Camerounais Song et Mboma sont sacrés champions d'Afrique.

serne après leur élimination au premier tour de la Coupe d'Afrique.

- Henri Michel démissionne de son poste de sélectionneur de l'équipe du Maroc.
- A Lagos, le Cameroun, entraîné par le Français Pierre Lechantre, devient champion d'Afrique en battant en finale le Nigeria (2-2, 4 tirs au but à 3).
- L'Allemand Lothar Matthaüs bat le record du gardien suédois Ravelli en disputant son 144e match international, vingt ans après avoir joué le premier.
- Match nul (1-1, but de Diomède) entre l'équipe de France A' et son homologue belge.

Mars 2000

LE CALCIO EN DÉROUTE

- Lors du premier match qualificatif pour la Coupe du monde 2002, Trinité et Tobago bat les Antilles néerlandaises (5-0).
- Lothar Matthaüs dispute son 100e match de Coupe d'Europe (contre le Real Madrid) avant de quitter le Bayern Munich pour New York.
- Quatre clubs italiens, Juventus, Parme, la Roma et Udinese, sont éliminés en huitièmes de finale de la Coupe de l'UEFA.
- Dans son premier match qualificatif pour le Mondial 2002, le Brésil est tenu en échec en Colombie (0-0).
- Lille gagne son billet pour la D1 à sept journées de la fin du championnat.

Avril 2000

DRAME A ISTANBUL

- Luis Fernandez annonce son départ de Bilbao qu'il entraîne depuis quatre ans.
- A Istanbul, deux supporters de Leeds sont tués dans des bagarres avec des supporters turcs la veille de la demi-finale de Coupe de l'UEFA, Galatasaray-Leeds.
- Jean Tigana donne son accord au milliardaire Mohamed Al Fayed, président du club, pour entraîner Fulham qui évolue en D2 anglaise.

Tous les records pour Matthaüs.

Ronaldo sourit dans la tourmente.

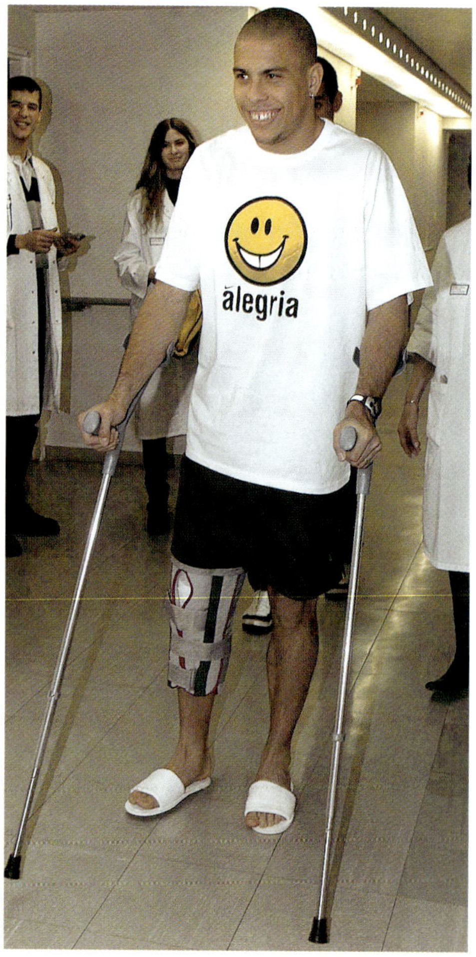

Guy Roux prend du recul.

• Six minutes après avoir effectué son retour au sein de l'équipe de l'Inter de Milan, qui joue la finale aller de la Coupe d'Italie contre la Lazio, Ronaldo est victime d'une rupture partielle d'un tendon rotulien. Le lendemain, il est de nouveau opéré à Paris.

• Le Monégasque Marcello Gallardo est élu joueur « français » de l'année devant son équipier Marco Simone.

• Le gardien de Nantes Mickaël Fabre, 16 ans, signe à Bologne. Le défenseur de Sochaux Antar Yahia, 17 ans, signe à l'Inter de Milan. L'attaquant de Clairefontaine Mourad Meghni, 16 ans, signe à la Juventus.

Mai 2000

GUY ROUX CHANGE DE PEAU

• Guy Roux annonce qu'il cesse d'être entraîneur d'Auxerre pour devenir manager général. Il était depuis 39 ans responsable technique d'un club qu'il avait fait monter de promotion d'honneur en première division.

• Auxerre remporte la Coupe de France junior en battant Lille (1-0).

• Le Lensois Olivier Dacourt signe à Leeds pour 81 millions de francs.

• Saint-Étienne refuse de participer à la Coupe Intertoto. Auxerre prend sa place.

• Le Marseillais Stéphane Dalmat signe au Paris SG.

• Jacques Santini devient entraîneur de Lyon à la place de Bernard Lacombe.

• Alex Dupont, entraîneur de Gueugnon, rejoint Sedan où il remplace Patrick Rémy.

• Galatasaray est le premier club turc victorieux d'une Coupe d'Europe après son succès sur Arsenal (0-0, 4 tirs au but à 1) en finale de la Coupe de l'UEFA.

• Manchester (Angleterre), La Corogne (Espagne), le Bayern Munich (Allemagne), la Lazio Rome (Italie), Anderlecht (Belgique) et le Sporting Lisbonne (Portugal) remportent leur championnat national.

• Le défenseur monégasque Willy Sagnol signe au Bayern Munich.

• Le gardien monégasque Fabien Barthez signe pour six ans à Manchester.

• Rolland Courbis est nommé entraîneur de Lens.

Juin 2000

BATISTUTA ENTRE DANS ROME

• Le gardien de Metz Lionel Letizi signe au Paris SG.

• L'équipe de France féminine bat la Suède (2-0) et se qualifie pour la phase finale du championnat d'Europe qui se déroulera en juin et juillet 2001.

• Le Brésilien Abel devient entraîneur de l'OM.

• L'Argentin Gabriel Batistuta passe de la Fiorentina à la Roma en échange de 233 millions de francs.

• L'avant-centre de Rennes, Shabani Nonda, et le gardien de l'OM, Stéphane Porato, signent à Monaco.

• Le club argentin de Boca Juniors remporte la Coupe d'Amérique du Sud des clubs (Copa Libertadores) en battant en finale São Paulo (2-2, 0-0, 4 tirs au but à 2).

• Le Nantais Antoine Sibierski et le Marseillais Franck Dumas signent à Lens.

• Peter Luccin quitte l'OM pour rejoindre le Paris SG.

• David Trezeguet quitte Monaco pour la Juventus en échange de 150 millions de francs.

• Sabri Lamouchi est transféré de Monaco à Parme.

L'Argentin Batistuta quitte la Fiorentina pour la Roma.

Championnat de France de Première Division

Classement	Pts	J	G	N	P	bp	bc	dif
1. MONACO	65	34	20	5	9	69	38	+31
2. Paris SG	58	34	16	10	8	54	40	+14
3. Lyon	56	34	16	8	10	45	42	+3
4. Bordeaux	54	34	15	9	10	52	40	+12
5. Lens	49	34	14	7	13	42	41	+1
6. Saint-Étienne	48	34	13	9	12	46	47	–1
7. Sedan	48	34	13	9	12	43	44	–1
8. Auxerre	47	34	13	8	13	37	39	–2
9. Strasbourg	46	34	13	7	14	42	52	–10
10. Bastia	45	34	11	12	11	43	39	+4
11. Metz	44	34	9	17	8	38	33	+5
12. Nantes	43	34	12	7	15	39	40	–1
13. Rennes	43	34	12	7	15	44	48	–4
14. Troyes	43	34	13	4	17	36	52	–16
15. Marseille	42	34	9	15	10	45	45	0
16. Nancy	42	34	11	9	14	43	45	–2
17. Le Havre	34	34	9	7	18	30	52	–22
18. Montpellier	31	34	7	10	17	39	50	–11

Qualifiés pour la première phase de la Ligue des champions : Monaco, Paris SG.
Qualifié pour le tour préliminaire de la Ligue des champions : Lyon.

Coupe de l'UEFA : Bordeaux, Nantes et Gueugnon (D2).
Coupe Intertoto : Lens, Sedan, Auxerre.
Clubs rétrogradés : Nancy, Le Havre, Montpellier.

Monaco, champion de France 1999-2000. En haut (de gauche à droite) : Pignol, Sagnol, Prso, Christanval, Trezeguet, Diao, Irles, Léonard, Legwinski, Riise. Au milieu : Guillaumet (kiné), Petit (entraîneur adjoint), Di Tomaso, Eloi, Djetou, Puel (entraîneur), Lefebvre, Rodriguez, N'Diaye, Franco (médecin). En bas : Ettori (entraîneur adjoint), Sylva, Farnerud, Simone, Barthez, Gallardo, Lamouchi, Giuly, Da Costa, Aubry, Devismes (préparateur physique).

Le classement des buteurs

23 buts : Anderson (Lyon).
22 buts : Trezeguet (Monaco).
21 buts : Simone (Monaco).
16 buts : Christian (Paris SG).
15 buts : Alex (Saint-Étienne), Cascarino (Nancy), Nonda (Rennes).
14 buts : Guivarc'h (Auxerre), Laslandes (Bordeaux).
13 buts : Sibierski (Nantes), Wiltord (Bordeaux).
11 buts : Djukic (Troyes), Née (Bastia).
10 buts : Robert (Paris SG).
9 buts : Echouafni (Strasbourg), L. Leroy (Paris SG), Marlet (Auxerre), Pouget (Marseille).
8 buts : Aloisio (Saint-Étienne), Bakayako, Maurice (Marseille), Deblock, Di Rocco (Sedan), Gallardo (Monaco), Loko (Montpellier), Madar (Paris SG), Nouma, Sakho (Lens).
7 buts : André (Bastia), Luyindula (Strasbourg), Mionnet, Quint (Sedan), Pédron (Saint-Étienne), Prince (Bastia), Wiart (Nancy).
6 buts : Baticle (Metz), Da Rocha (Nantes), Delaye (Montpellier), Deniaud (Le Havre), Dugarry (Bordeaux), Micoud, Ziani (Bordeaux), Ravanelli (Marseille), Vairelles (Lyon), Le Roux (Rennes).
5 buts : Alicarte (Bordeaux), Giuly (Monaco), Maoulida, Rui Pataca (Montpellier), Carrière (Nantes), N'Diefi (Sedan), Boutal, Ghazi (Troyes).
4 buts : Beuzelin (Le Havre), Job, Moreira (Lens), Boffin, Meyrieu, Padovano, Saha, Skatchenko (Metz), Silvestre (Montpellier), Bardon (Rennes), Potillon (Saint-Étienne), Bertin, Ehret, Garay (Strasbourg), Saifi (Troyes).
3 buts : Diomède, Kapo, Tainio (Auxerre), Jurietti, Lachuer, Laurent, Petersen (Bastia), Lesage (Le Havre), Malbranque (Lyon), Jestrovic (Metz), Lamouchi, Marquez (Monaco), Lefèvre, Rambo, Zé Alcino (Nancy), Monterrubio (Nantes), Diatta, Grégoire (Rennes), Hemdani, Jbari (Strasbourg).
2 buts : Ciechelski (Auxerre), Saveljic (Bordeaux), Becanovic, Debève, Mamouni (Le Havre), Brunel, Coridon, Dacourt, Pierre-Fanfan, B. Rodriguez, Sikora (Lens), S. Blanc, Carteron, Delmotte, Laigle (Lyon), Abardonado, Brando, J. Leroy, Perez, Pires (Marseille), Bastien, Gaillot (Metz), Léonard, Prso (Monaco), Mahouvé, Ouédec (Montpellier), Bottelin, Mouret (Nancy), Caveglia, Delvineau, M. Leroy (Nantes), Algerino, Okocha, Yanovski (Paris SG), Ma. N'Diaye (Rennes), Guel, Sarr (Saint-Étienne), Crosnier, Huard (Sedan), Belloso, Camadini (Strasbourg), D. Mendy (Troyes).
1 but : Carnot, Comisetti (Auxerre), Z. Camara, Casanova, F. Mendy, Nalis, O. Soumah, Swierczewski (Bastia), Legwinski, Pavon, Sanchez (Bordeaux), Custovic, De Neef, Diallo, Gravelaine, Kerkar, Weber (Le Havre), Bak, Blanchard, Bogaczyk, Ismaël, Nyarko, Queudrue (Lens), Kanouté, Violeau (Lyon), Belmadi, Dalmat, De la Pena, Luccin, Montenegro (Marseille), Asuar, Goussé, Schemmel, Toyes (Metz), Da Costa, Mo. N'Diaye, Riise (Monaco), Barbosa, Dzodic, Fugier, Garry, Sorlin (Montpellier), Biancalani, Chiba, Corréa, Ferreira, Gouvéia, Lécluse, Meniri, Ouadah, M. Rodrigues (Nancy), Channelet, Gillet, Savinaud, Touré, Vahirua (Nantes), A. Cissé, César, Ducrocq, Rabesandratana (Paris SG), Bassila, Bigné, Diouf, Fernandes, Gava, B. Le Bris, Sommeil (Rennes), Boudarène, Carotti, Masudi, Mettomo, Sablé, Subiat, Wallemme (Saint-Étienne), Frigard, Oliveira, Verschuère (Sedan), Beye, Dom, Haas, Marsiglia, Zitelli (Strasbourg), Hamed, Jezierski, Lang, Lobé, Monier (Troyes).

Auxerre

A domicile :

Bat : Bastia (3-1), Bordeaux (1-0), Le Havre (2-1), Lens (3-2), Lyon (2-0), Montpellier (2-1), Nancy (2-1), Paris SG (1-0), Rennes (4-0), Saint-Étienne (2-1), Sedan (3-1).
Nul avec : Marseille (1-1), Metz (1-1), Nantes (1-1).
Battu par : Monaco (2-0), Strasbourg (1-0), Troyes (1-0).

A l'extérieur :

Bat : Strasbourg (1-3), Marseille (1-0).
Nul avec : Le Havre (0-0), Lyon (0-0), Paris SG (1-1), Saint-Étienne (0-0), Sedan (1-1).
Battu par : Bastia (2-0), Bordeaux (1-0), Lens (2-1), Metz (3-0), Monaco (2-0), Montpellier (2-0), Nancy (2-0), Nantes (3-1), Rennes (1-0), Troyes (2-0).

Bastia

A domicile :

Bat : Auxerre (2-0), Lens (2-0), Lyon (3-0), Monaco (1-0), Montpellier (1-0), Nantes (2-1), Rennes (4-2), Saint-Étienne (4-0), Sedan (1-0), Strasbourg (3-0), Troyes (5-0).
Nul avec : Bordeaux (1-1), Le Havre (1-1), Marseille (0-0), Metz (0-0), Nancy (1-1).
Battu par : Paris SG (2-1).

A l'extérieur :

Nul avec : Le Havre (2-2), Marseille (1-1), Metz (1-1), Montpellier (1-1), Nantes (1-1), Rennes (0-0), Saint-Étienne (1-1).
Battu par : Auxerre (3-1), Bordeaux (3-2), Lens (4-0), Lyon (2-1), Monaco (4-0), Nancy (1-0), Paris SG (2-0), Sedan (2-0), Strasbourg (2-0), Troyes (1-0).

Bordeaux

A domicile :

Bat : Auxerre (1-0), Bastia (3-2), Le Havre (3-0), Marseille (2-1), Monaco (3-2), Montpellier (2-0), Nancy (2-1), Nantes (3-0), Rennes (1-0), Strasbourg (3-0), Troyes (4-0).
Nul avec : Metz (0-0), Paris SG (1-1), Sedan (1-1).
Battu par : Lens (2-1), Lyon (3-1), Saint-Étienne (2-1).

A l'extérieur :

Bat : Marseille (2-0), Nantes (1-0), Saint-Étienne (2-1), Sedan (1-0).
Nul avec : Bastia (1-1), Lens (3-3), Lyon (1-1), Montpellier (2-2), Nancy (2-2), Strasbourg (2-2).
Battu par : Auxerre (1-0), Le Havre (3-0), Metz (2-1), Monaco (1-0), Paris SG (2-1), Rennes (2-1), Troyes (2-0).

Le Havre

A domicile :

Bat : Bordeaux (3-0), Metz (1-0), Montpellier (2-1), Paris SG (3-1), Saint-Étienne (1-0), Sedan (2-1), Troyes (2-0).
Nul avec : Auxerre (0-0), Bastia (2-2), Lens (1-1), Marseille (0-0),
Battu par : Lyon (1-0), Monaco (4-1), Nancy (1-0), Nantes (1-0), Rennes (1-0), Strasbourg (1-0).

A l'extérieur :

Bat : Sedan (1-0), Strasbourg (1-0).
Nul avec : Bastia (1-1), Montpellier (0-0), Saint-Étienne (3-3).
Battu par : Auxerre (2-1), Bordeaux (3-0), Lens (4-0), Lyon (3-0), Marseille (2-0), Metz (3-0), Monaco (5-2), Nancy (3-0), Nantes (1-0), Paris SG (2-1), Rennes (2-1), Troyes (3-1).

Lens

A domicile :

Bat : Auxerre (2-1), Bastia (4-0), Le Havre (4-0), Lyon (4-3), Metz (1-0), Monaco (1-0), Montpellier (1-0), Paris SG (3-2), Strasbourg (3-0).
Nul avec : Bordeaux (3-3), Marseille (0-0), Rennes (1-1).
Battu par : Nancy (1-0), Nantes (2-1), Saint-Étienne (2-0), Sedan (3-0), Troyes (1-0).

A l'extérieur :

Bat : Bordeaux (2-1), Marseille (2-1), Nantes (1-0), Saint-Étienne (2-0), Troyes (1-0).
Nul avec : Le Havre (1-1), Metz (0-0), Montpellier (1-1), Sedan (0-0).
Battu par : Auxerre (3-2), Bastia (2-0), Lyon (1-0), Monaco (2-0), Nancy (2-1), Paris SG (4-1), Rennes (2-0), Strasbourg (1-0).

Lyon

A domicile :

Bat : Bastia (2-1), Le Havre (3-0), Lens (1-0), Marseille (2-0), Monaco (2-1), Nancy (2-1), Nantes (2-0), Paris SG (1-0), Sedan (2-0).
Nul avec : Auxerre (0-0), Bordeaux (1-1), Rennes (2-2), Saint-Étienne (0-0), Strasbourg (0-0).
Battu par : Montpellier (2-1), Troyes (3-1).

A l'extérieur :

Bat : Bordeaux (3-1), Le Havre (1-0), Marseille (1-0), Metz (1-0), Rennes (2-1), Troyes (2-1).
Nul avec : Montpellier (2-2), Paris SG (2-2), Saint-Étienne (1-1).
Battu par : Auxerre (2-0), Bastia (3-0), Lens (4-3), Monaco (1-0), Nancy (1-0), Nantes (6-1), Sedan (2-0), Strasbourg (4-2).

Marseille

A domicile :

Bat : Le Havre (2-0), Monaco (4-2), Paris SG (4-1), Sedan (3-0), Strasbourg (4-1), Troyes (1-0).
Nul avec : Bastia (1-1), Metz (1-1), Montpellier (0-0), Nancy (2-2), Nantes (1-1), Rennes (1-1), Saint-Étienne (3-3).
Battu par : Auxerre (1-0), Bordeaux (2-0), Lens (2-1), Lyon (1-0).

A l'extérieur :

Bat : Paris SG (2-0), Rennes (2-1), Troyes (2-1).
Nul avec : Auxerre (2-2), Bastia (0-0), Le Havre (0-0), Lens (0-0), Monaco (1-1), Nancy (2-2), Nantes (0-0), Sedan (2-2).
Battu par : Bordeaux (2-1), Lyon (2-0), Metz (2-0), Montpellier (3-1), Saint-Étienne (5-1), Strasbourg (3-1).

Metz

A domicile :

Bat : Auxerre (3-0), Bordeaux (2-1), Le Havre (3-0), Marseille (2-0), Nantes (2-1), Troyes (3-1).
Nul avec : Bastia (1-1), Lens (0-0), Monaco (1-1), Montpellier (2-2), Nancy (2-2), Rennes (0-0), Saint-Étienne (1-1), Sedan (1-1), Strasbourg (0-0).
Battu par : Lyon (1-0), Paris SG (3-1).

A l'extérieur :

Bat : Montpellier (1-0), Nantes (3-1), Sedan (2-0).
Nul avec : Auxerre (1-1), Bastia (0-0), Bordeaux (0-0), Marseille (1-1), Monaco (2-2), Nancy (0-0), Strasbourg (1-1), Troyes (2-2).
Battu par : Le Havre (1-0), Lens (1-0), Lyon (2-0), Paris SG (2-1), Rennes (2-0), Saint-Étienne (2-0).

Monaco

A domicile :

Bat : Auxerre (2-0), Bastia (4-0), Bordeaux (1-0), Le Havre (5-2), Lens (2-0), Lyon (1-0), Montpellier (1-0), Nantes (2-0), Paris SG (1-0), Rennes (2-1), Sedan (2-1), Strasbourg (3-0), Troyes (3-0).
Nul avec : Marseille (1-1), Metz (2-2), Nancy (2-2), Saint-Étienne (2-2).

A l'extérieur :

Bat : Auxerre (2-0), Le Havre (4-1), Montpellier (3-2), Nancy (2-1), Nantes (3-0), Paris SG (3-0), Troyes (4-1).
Nul avec : Metz (1-1).
Battu par : Bastia (1-0), Bordeaux (3-2), Lens (1-0), Lyon (2-1), Marseille (4-2), Rennes (2-1), Saint-Étienne (3-1), Sedan (2-1), Strasbourg (3-2).

Montpellier

A domicile :

Bat : Auxerre (2-0), Marseille (3-1), Nancy (1-0), Nantes (3-0).
Nul avec : Bastia (1-1), Bordeaux (2-2), Le Havre (0-0), Lens (1-1), Lyon (2-2), Sedan (1-1), Strasbourg (1-1), Troyes (2-2).
Battu par : Metz (1-0), Monaco (3-2), Paris SG (1-0), Rennes (2-1), Saint-Étienne (1-0).

A l'extérieur :

Bat : Lyon (2-1), Nancy (2-1), Rennes (3-1).
Nul avec : Marseille (0-0), Metz (2-2).
Battu par : Auxerre (2-1), Bastia (1-0), Bordeaux (2-0), Le Havre (2-1), Lens (1-0), Monaco (1-0), Nantes (3-0), Paris SG (3-0), Saint-Étienne (5-4), Sedan (2-1), Strasbourg (2-0), Troyes (2-1).

Nancy

A domicile :

Bat : Auxerre (2-0), Bastia (1-0), Le Havre (3-0), Lens (2-1), Lyon (1-0), Nantes (2-1), Rennes (3-0), Saint-Étienne (1-0).
Nul avec : Bordeaux (2-2), Marseille (2-2), Metz (0-0), Paris SG (1-1).
Battu par : Monaco (2-1), Montpellier (2-1), Sedan (2-0), Strasbourg (3-2), Troyes (2-1).

A l'extérieur :

Bat : Le Havre (1-0), Lens (1-2), Strasbourg (2-0).
Nul avec : Bastia (1-1), Marseille (2-2), Metz (2-2), Monaco (2-2), Paris SG (1-1).
Battu par : Auxerre (2-1), Bordeaux (2-1), Lyon (2-1), Montpellier (1-0), Nantes (2-0), Rennes (3-1), Saint-Étienne (2-1), Sedan (3-1), Troyes (2-0).

Nantes

A domicile :

Bat : Auxerre (3-1), Le Havre (1-0), Lyon (6-1), Montpellier (3-0), Nancy (2-0), Rennes (3-0), Sedan (1-0), Strasbourg (3-1), Troyes (3-0).
Nul avec : Bastia (1-1), Marseille (0-0).
Battu par : Bordeaux (1-0), Lens (1-0), Metz (3-1), Monaco (3-0), Paris SG (4-3), Saint-Étienne (1-0).

A l'extérieur :

Bat : Le Havre (1-0), Lens (2-1), Saint-Étienne (2-0).
Nul avec : Auxerre (1-1), Marseille (1-1), Paris SG (0-0), Rennes (0-0), Sedan (0-0).
Battu par : Bastia (2-1), Bordeaux (3-0), Lyon (2-0), Metz (2-1), Monaco (2-0), Montpellier (3-0), Nancy (2-1), Strasbourg (3-2), Troyes (1-0).

Paris SG

A domicile :

Bat : Bastia (2-0), Bordeaux (2-1), Le Havre (2-1), Lens (4-1), Metz (2-1), Montpellier (3-0), Rennes (1-0), Saint-Étienne (2-0), Sedan (3-2), Strasbourg (4-2), Troyes (1-0).
Nul avec : Auxerre (1-1), Lyon (2-2), Nancy (1-1), Nantes (0-0).
Battu par : Marseille (2-0), Monaco (3-0).

A l'extérieur :

Bat : Bastia (2-1), Metz (3-1), Montpellier (1-0), Nantes (4-0), Rennes (3-1).

Nul avec : Bordeaux (1-1), Nancy (1-1), Saint-Étienne (1-1), Sedan (1-1), Strasbourg (1-1), Troyes (2-2).
Battu par : Auxerre (1-0), Le Havre (3-1), Lens (3-2), Lyon (1-0), Marseille (4-1), Monaco (1-0).

Rennes

A domicile :

Bat : Auxerre (1-0), Bordeaux (2-1), Le Havre (2-1), Lens (3-0), Metz (2-0), Monaco (2-1), Nancy (3-1), Saint-Étienne (4-1), Sedan (5-0), Strasbourg (2-1).
Nul avec : Bastia (0-0), Nantes (0-0), Troyes (2-2).
Battu par : Lyon (2-1), Marseille (2-1), Montpellier (3-1), Paris SG (3-1).

A l'extérieur :

Bat : Le Havre (1-0), Montpellier (2-1).
Nul avec : Lens (1-1), Lyon (2-2), Marseille (1-1), Metz (0-0).
Battu par : Auxerre (4-0), Bastia (4-2), Bordeaux (1-0), Monaco (3-1), Nancy (3-0), Nantes (3-0), Paris SG (1-0), Saint-Étienne (1-0), Sedan (2-1), Strasbourg (2-1), Troyes (1-0).

Saint-Étienne

A domicile :

Bat : Marseille (5-1), Metz (2-0), Monaco (3-1), Montpellier (5-4), Nancy (2-1), Rennes (1-0), Troyes (1-0).
Nul avec : Auxerre (0-0), Bastia (1-1), Le Havre (3-3), Lyon (1-1), Paris SG (1-1).
Battu par : Bordeaux (2-1), Lens (2-0), Nantes (2-0), Sedan (3-2), Strasbourg (1-0).

A l'extérieur :

Bat : Bordeaux (2-1), Lens (2-0), Montpellier (1-0), Nantes (1-0), Strasbourg (1-0), Troyes (1-0).
Nul avec : Lyon (0-0), Marseille (3-3), Metz (1-1), Monaco (2-2).
Battu par : Auxerre (2-1), Bastia (4-0), Le Havre (1-0), Nancy (1-0), Paris SG (2-0), Rennes (4-1), Sedan (3-2).

Sedan

A domicile :

Bat : Bastia (2-0), Lyon (2-0), Monaco (2-1), Montpellier (2-1), Nancy (3-1), Rennes (2-1), Saint-Étienne (3-2), Strasbourg (2-1), Troyes (2-1).
Nul avec : Auxerre (1-1), Lens (0-0), Marseille (2-2), Nantes (0-0), Paris SG (1-1).
Battu par : Bordeaux (1-0), Le Havre (1-0), Metz (2-0).

A l'extérieur :

Bat : Lens (3-0), Monaco (2-1), Nancy (2-0), Saint-Étienne (3-2), Troyes (2-0).
Nul avec : Bordeaux (1-1), Metz (1-1), Montpellier (1-1), Strasbourg (1-1).
Battu par : Auxerre (3-1), Bastia (1-0), Le Havre (2-1), Lyon (2-0), Marseille (3-0), Nantes (1-0), Paris SG (3-2), Rennes (5-0).

Strasbourg

A domicile :

Bat : Bastia (2-0), Lens (1-0), Lyon (4-2), Marseille (3-1), Monaco (3-2), Montpellier (2-0), Nantes (3-2), Rennes (2-1), Troyes (2-0).
Nul avec : Bordeaux (2-2), Metz (1-1), Paris SG (1-1), Sedan (1-1).
Battu par : Auxerre (3-1), Le Havre (1-0), Nancy (2-0), Saint-Étienne (1-0).

A l'extérieur :

Bat : Auxerre (1-0), Le Havre (1-0), Nancy (3-2), Saint-Étienne (1-0).
Nul avec : Lyon (0-0), Metz (0-0), Montpellier (1-1).
Battu par : Bastia (3-0), Bordeaux (3-0), Lens (3-0), Marseille (4-1), Monaco (3-0), Nantes (3-1), Paris SG (4-2), Rennes (2-1), Sedan (2-1), Troyes (2-1).

Troyes

A domicile :

Bat : Auxerre (2-0), Bastia (1-0), Bordeaux (2-0), Le Havre (3-1), Montpellier (2-1), Nancy (2-0), Nantes (1-0), Strasbourg (2-1).
Nul avec : Metz (2-2), Paris SG (2-2).
Battu par : Lens (1-0), Lyon (2-1), Marseille (2-1), Monaco (4-1), Rennes (1-0), Saint-Étienne (1-0), Sedan (2-0).

A l'extérieur :

Bat : Auxerre (1-0), Lens (1-0), Lyon (3-1), Nancy (2-1).
Nul avec : Montpellier (2-2), Rennes (2-2).
Battu par : Bastia (5-0), Bordeaux (4-0), Le Havre (2-0), Marseille (1-0), Metz (3-1), Monaco (3-0), Nantes (3-0), Paris SG (1-0), Saint-Étienne (1-0), Sedan (2-1), Strasbourg (2-0)

Championnat de France de Deuxième Division

Classement	Pts	J	G	N	P	bp	bc	dif
1. LILLE	83	38	25	8	5	58	25	+33
2. Guingamp	67	38	18	13	7	62	41	+21
3. Toulouse	63	38	18	9	11	52	31	+21
4. Sochaux	62	38	18	8	12	53	41	+12
5. Gueugnon	56	38	13	17	8	47	34	+13
6. Caen	53	38	12	17	9	50	37	+13
7. Ajaccio AC	53	38	15	8	15	37	41	–4
8. Châteauroux	52	38	13	13	12	44	44	0
9. Le Mans	52	38	12	16	10	44	44	0
10. Laval	51	38	12	15	11	41	40	+1
11. Nice	50	38	10	20	8	34	33	+1
12. Cannes	48	38	12	12	14	33	38	–5
13. Lorient	47	38	12	11	15	32	39	–7
14. Nîmes	45	38	11	12	15	39	44	–5
15. Niort	45	38	10	15	13	42	49	–7
16. Wasquehal	44	38	9	17	12	33	39	–6
17. Créteil	44	38	11	11	16	36	52	–16
18. Amiens	37	38	7	16	15	30	43	–13
19. Valence	33	38	6	15	17	37	54	–17
20. Louhans-Cuiseaux	24	38	5	9	24	32	67	–35

Montent en 1re division : Lille, Guingamp et Toulouse.
Descendent en National : Amiens, Valence, Louhans-Cuiseaux.

Championnat National

Classement : 1. Beauvais (73 pts), 2. Martigues (66 pts), 3. Angers (64 pts), 4. Grenoble (61 pts), 5. Valenciennes (58 pts), 6. Pau (57 pts), 7. Clermont Foot (57 pts), 8. Besançon (56 pts), 9. Racing CP (56 pts), 10. Istres (55 pts), 11. Reims (54 pts), 12. Red Star (52 pts), 13. Noisy-le-Sec (48 pts), 14. Thouars (48 pts), 15. GFCO Ajaccio (45 pts), 16. Pacy-sur-Eure (43 pts), 17. Paris FC (41 pts), 18. Évry (35 pts), 19. Fréjus (32 pts), 20. Raon L'Étape (30 pts).

D'Amico et Lille montent en D1.

Coupe de la Ligue

Seizièmes de finale

Beauvais bat Le Havre 1-1 a.p. (5 tab à 4) ; Monaco bat Auxerre 0-0 a.p. (5 tab à 4) ; Bordeaux bat Troyes 1-0 a.p. ; Red Star bat Nîmes 4-2 a.p. ; Strasbourg bat Metz 0-0 a.p. (2 tab à 0) ; Toulouse bat Lens 3-2 a.p. ; Lyon bat Amiens 3-1 ; Paris SG bat Créteil 4-3 ; Sochaux bat Rennes 2-0 ; Nancy bat Louhans-Cuiseaux 1-0 ; Châteauroux bat Le Mans 1-1 a.p. (6 tab à 5) ; Gueugnon bat Niort 1-0 ; Saint-Étienne bat Nantes 3-1 ; Montpellier bat Guingamp 3-1 ; Sedan bat Nice 1-0 ; Bastia bat Marseille 3-0.

Huitièmes de finale

Strasbourg bat Monaco 3-2 a.p. ; Nancy bat Sochaux 2-1 ; Red Star bat Saint-Étienne 3-1 ; Sedan bat Beauvais 1-0 a.p. ; Paris SG bat Châteauroux 1-0 ; Gueugnon bat Toulouse 1-0 ; Lyon bat Bordeaux 1-0 ; Bastia bat Montpellier 1-0.

Quarts de finale

Gueugnon bat Strasbourg 2-0 ; Bastia bat Lyon 1-0 a.p. ; Red Star bat Sedan 1-0 ; Paris SG bat Nancy 3-0.

Demi-finales

Paris SG bat Bastia 4-2 ; Gueugnon bat Red Star 2-2 a.p. (9 tab à 8).

FINALE

Le 22 avril, au Stade de France.
Gueugnon bat Paris SG 2-0 (0-0).
70 000 spectateurs.
Arbitre : M. Poulat.
Buts : Trapasso (65e), Flauto (90e).

Les équipes :

GUEUGNON : Trivino – Bouzin, Boniface, Distin, Fanzel – Esceth-N'zi puis Flauto (78e), Chabert, Neumann puis Weber (83e), Trapasso – Traoré, Roda puis Collin (88e).
PARIS : Casagrande – A. Cissé, Rabesandratana, El Karkouri, Yanovski – Benarbia, Ducrocq, Okocha, Robert puis Murati (78e) – L. Leroy puis Diawara (73e), Christian.

Coupe de France

Trente-deuxièmes de finale

Amiens bat Auxerre 1-0 ; Lorient bat Montpellier 2-1 ; Rennes bat Châteauroux 2-0 ; Laval bat Sedan 0-0 a.p. (3 tab à 2) ; Le Havre bat Sochaux 2-2 a.p. (4 tab à 2) ; Metz bat Pacy-sur-Eure 2-0 ; Monaco bat Racing CP 1-0 ; Besançon bat Lens 2-1 ; Thouars bat Nancy 1-0 ; Saint-Étienne bat Grenoble 2-1 ap ; Troyes bat Vannes 1-0 ; Saint-Quentin bat Bastia 1-0 ; Paris SG bat Limoges 4-3 ; Lyon bat Tours 1-0 a.p. ; Marseille bat Segré 1-0 ; Strasbourg bat Marignane 1-0 ; Bordeaux bat Schiltigheim 3-1 ; Nantes bat Carcassonne 4-1 ; Gueugnon bat Créteil 1-0 ; Nîmes bat Louhans-Cuiseaux 2-0 ; Calais bat Lille 1-1 a.p. (7 tab à 6) ; Toulouse bat La Roche-sur-Yon 1-1 a.p. (5 tab à 4) ; Cannes bat Aurillac 1-0 ; Valence bat Mondeville 2-0 ; Niort bat Lyon La Duchère 3-1 ; Baume-les-Dames bat Évry 1-1 a.p. (5 tab à 4) ; Red Star bat Levallois 1-0 ; Pontivy bat Brest 1-0 ; Porto-Vecchio bat Vaulx-en-Velin 1-1 a.p. (4 tab à 3) ; Montceau bat Vesoul 3-2 a.p. ; Les Herbiers bat Compiègne 3-0 ; Langon Castets bat Montagnarde 3-0.

Seizièmes de finale

Lyon bat Troyes 1-0 ; Lorient bat Saint-Étienne 0-0 a.p. (4 tab à 3) ; Gueugnon bat Marseille 4-3 ; Strasbourg bat Besançon 2-2 a.p. (4 tab à 2) ; Red Star bat Le Havre 1-0 ; Monaco bat Thouars 2-1 ; Bordeaux bat Porto-Vecchio 4-1 ; Metz bat Saint-Quentin 3-1 a.p. ; Rennes bat Les Herbiers 4-0 ; Paris SG bat Baume-les-Dames 2-0 ; Nantes bat Montceau-les-Mines 6-0 ; Cannes bat Niort 3-0 ; Amiens bat Laval 1-1 a.p. (5 tab à 3) ; Nîmes bat Toulouse 1-0 ; Pontivy bat Valence 2-1 ; Calais bat Langon Castets 3-0.

Huitièmes de finale

Bordeaux bat Metz 1-0 ; Strasbourg bat Paris SG 1-0 ; Rennes bat Lorient 3-2 ; Nantes bat Gueugnon 0-0 a.p. (5 tab à 3) ; Lyon bat Red Star 2-1 ; Monaco bat Pontivy 4-0 ; Nîmes bat Amiens 2-0 ; Calais bat Cannes 1-1 a.p. (4 tab à 1).

Quarts de finale

Calais bat Strasbourg 2-1 ; Bordeaux bat Nîmes 1-0 ; Monaco bat Lyon 3-1 ; Nantes bat Rennes 2-1 a.p.

Demi-finales

Nantes bat Monaco 1-0 ; Calais bat Bordeaux 3-1 a.p.

FINALE

Le 7 mai, au Stade de France.
Nantes bat Calais 2-1 (0-1).
78 717 spectateurs.
Arbitre : M. Colombo.
Buts : Sibierski (50e, 90e sur pén.) pour Nantes, Dutitre (34e) pour Calais.

Les équipes :

FC NANTES : Landreau – Chanelet, Berson, Gillet, Fabbri – Olembre, Toure puis Caveglia (73e), Da Rocha, Carriere – Sibierski, Devineau puis Monterrubio (69e).
CALAIS RUFC : Schille – Merlen, Becque, Baron, Deswarte – Lefebvre puis Canu (55e), Jandeau, Hogard, Vasseur – Gérard, Dutitre puis Milien (55e) puis Lestavel (90e).

Coupe de l'UEFA

Premier tour

Steaua Bucarest-Linz 2-0 et 3-2 ; Wolfsbourg-Debrecen 2-0 et 1-2 ; Montpellier-Étoile Rouge Belgrade 1-0 et 2-2 ; Leeds-Partizan Belgrade 3-1 et 1-0 ; La Corogne-Stabaeck 0-1 et 2-0 ; Udinese-Aalborg 1-0 et 2-1 ; Lyon-Helsinki 1-0 et 5-1 ; Aris Salonique-Servette FC 1-1 et 2-1 a.p. ; Inter Bratislava-Rapid Vienne 1-0 et 2-1 ; Juventus Turin-Omonia Nicosie 5-2 et 5-0 ; Ajax Amsterdam-Banska Bystrica 6-1 et 3-1 ; Werder Brême-FK Bodo 5-0 et 1-1 ; Helsingborg-Lvov 1-1 et 1-1 (4 tab à 3) ; Celta Vigo-Lausanne 2-3 et 4-0 ; Lodz-Skonto 0-1 et 2-0 ; Parme AC-Krivoi Rog 3-2 et 3-0 ; Teplice-Ferencvaros 3-1 et 1-1 ; Tottenham-Chisinau 3-0 et 0-0 ; Atletico Madrid-MKE Ankara 3-0 et 0-1 ; Lens-Maccabi Tel-Aviv 2-2 et 2-1 ; Vitesse Arnhem-Beira-Mar 2-1 et 0-0 ; Monaco-Saint-Johnstone 3-0 et 3-3 ; AEK Athènes-Kutasai 1-0 et 6-1 ; West Ham-Osijek 3-0 et 3-1 ; PAOK Salonique-Lokomotiv Tbilissi 7-0 et 2-0 ; Wronki-Brondby 2-0 et 3-4 ; AS Rome-Vitoria Setubal 7-0 et 0-1 ; Anderlecht-Ljubljana 3-1 et 3-0 ; Göteborg-Poznan 2-1 et 0-0 ; Celtic Glasgow-Hapoël Tel-Aviv 2-0 et 1-0 ; Majorque-Olomouc 3-1 et 0-0 ; Grasshopper Zurich-AB Copenhague 2-0 et 1-1 ; Newcastle-CSKA Sofia 2-0 et 2-2 ; Benfica-Dinamo Bucarest 0-1 et 2-0 ; MTK Hungaria-Fenerbahce 0-0 et 2-0 ; Viking FK-Sporting Portugal 3-0 et 0-1 ; Graz AK-Trnava 3-0 et 1-2 ; Nantes-Ionikos 3-1 et 1-0 ; Hapoël Haïfa-FC Bruges 3-1 et 2-4 ; Legia Varsovie-Famagouste 0-1 et 2-0 ; Panathinaïkos-Gorica 1-0 et 2-0 ; Bologne-Saint-Pétersbourg 3-0 et 2-2 ; Roda JC-Donetsk 2-0 et 3-1 ; Kaiserslautern--Kilmarnock 3-0 et 2-0 ; Levski Sofia-Hadjuk Split 0-0 et 3-0 ; Lokomotiv Moscou-Lyngby 2-1 et 3-0 ; Slavia Prague-Vojvodina 0-0 et 3-2 ; FC Zurich-Lierse 1-0 et 4-3.

Deuxième tour

Wolfsburg-Roda JC 0-0 et 1-0 ; AEK Athènes-MTK Hungaria 1-2 et 1-0 ; Bologne-Anderlecht 1-2 et 3-0 ; Monaco-Widzew Lodz 1-1 et 2-0 ; Celta Vigo-Aris Salonique (Grè) 2-2 et 2-0 ; Deportivo La Corogne-Montpellier 3-1 et 2-0 ; Udinese-Legia Varsovie 1-0 et 1-1 ; Benfica Lisbonne-PAOK Salonique 2-1 et 1-2 a.p. (4 tab à 1) ; Parme-Helsingborg 1-0 et 3-1 ; Steaua Bucarest-West Ham 2-0 et 0-0 ; Lyon-Celtic Glasgow 1-0 et 1-0 ; Panathinaïkos-Graz AK 2-1 et 0-1 ; Newcastle-FC Zurich 2-1 et 3-1 ; Leeds-Lokomotiv Moscou 4-1 et 3-0 ; Real Majorque-Teplice 2-1 et 3-0 ; AS Rome-IFK Göteborg 2-0 et 1-0 ; Juventus Turin-Levski Sofia 3-1 et 1-1 ; Werder Brême-Viking FK 0-0 et 2-2 ; Nantes-Inter Bratislava 3-0 et 4-0 ; Slavia Prague-Grasshopper Zurich 3-1 et 0-1 ; Atletico Madrid-Amica Wronki 1-0 et 4-1 ; Ajax Amsterdam-Hapoël Haïfa 3-0 et 0-1 ; Lens-Vitesse Arnhem 4-1 et 1-1 ; Kaiserslautern-Tottenham 0-1 et 2-0.

Seizièmes de finale

Borussia Dortmund-Glasgow Rangers 0-2 et 2-0 (3 tab à 1) ; Juventus Turin-Olympiakos Le Pirée 3-1 et 1-2 ; Werder Brême-Lyon 0-3 et 4-0 ; Monaco-AEK Athènes 2-2 et 1-0 ; Galatasaray-Bologne 1-1 et 2-1 ; Udinese-Bayer Leverkusen 0-1 et 2-1 ; Atletico Madrid-Wolfsburg 3-2 et 2-1 ; Celta Vico Benfica Lisbonne 7-0 et 1-1 ; AS Rome-Newcastle 1-0 et 0-0 ; Deportivo La Corogne-Panathinaïkos Athènes 4-2 et 1-1 ; Real Majorque-Ajax Amsterdam 1-0 et 2-0 ; Arsenal-Nantes 3-0 et 3-3 ; Leeds-Spartak Moscou 1-2 et 1-0 ; Parme-Sturm Graz 2-1 et 3-3 a.p. ; Slavia Prague-Steaua Bucarest 4-1 et 1-1 ; Lens-Kaiserslautern 2-1 et 4-1.

Huitièmes de finale

Slavia Prague-Udinese 1-0 et 1-2 ; Real Majorque-Monaco 4-1 et 0-1 ; Galatasaray-Borussia Dortmund 2-0 et 0-0 ; Leeds United-AS Rome 0-0 et 1-0 ; Werder Brême-Parme 0-1 et 3-1 ; Celta Vigo-Juventus Turin 0-1 et 4-0 ; Lens-Atletico Madrid 2-2 et 4-2 ; Arsenal-La Corogne 5-1 et 1-2.

Quarts de finale

Arsenal-Werder Brême 2-0 et 4-2 ; Leeds-Slavia de Prague 3-0 et 1-2 ; Galatasaray-Majorque 4-1 et 2-1 ; Lens-Celta Vigo 0-0 et 2-1.

Demi-finales

Galatasaray-Leeds 2-0 et 2-2 ; Arsenal-Lens 1-0 et 2-1.

FINALE

Le 17 mai, à Copenhague.
Galatasaray bat Arsenal 0 à 0 a.p. (4 tab à 1).
38 919 spectateurs.
Arbitre : M. Lopez Nieto (Espagne).
Penalties marqués : Ergun, Sukur, Umit, Popescu pour Galatasaray, Parlour pour Arsenal.
Exclusion : Hagi (93e) pour Galatasaray.

Les équipes :

ARSENAL : Seaman – Dixon, Keown, Adams (cap.), Silvinho – Parlour, Vieira, Petit, Overmars puis Suker (115e) – Bergkamp puis Kanu (75e), Henry.
GALATASARAY : Taffarel – Capone, Popescu, Bulent Korkmaz (cap.), Ergun – Okan puis Hakan Unsal (84e), Umit, Suat puis Ahmet (94e), Hagi – Arif Erdem puis Hasan Sas (94e), Hakan Sukur.

La première coupe d'Europe turque.

Ligue des champions

Premier tour

Groupe A

Bayer Leverkusen-Lazio Rome 1-1
Dynamo Kiev-Maribor 0-1
Maribor-Bayer Leverkusen 0-2
Lazio Rome-Dynamo Kiev 2-1
Lazio Rome-Maribor 4-0
Bayer Leverkusen-Dynamo Kiev 1-1
Maribor-Lazio Rome 0-4
Dynamo Kiev-Bayer Leverkusen 4-2
Lazio Rome-Bayer Leverkusen 1-1
Maribor-Dynamo Kiev 1-2
Bayer Leverkusen-Maribor 0-0
Dynamo Kiev-Lazio Rome 0-1

Groupe B

Solna-FC Barcelone 1-2
Fiorentina-Arsenal 0-0
Arsenal-Solna 3-1
FC Barcelone-Fiorentina 4-2
FC Barcelone-Arsenal 1-1
Solna-Fiorentina 0-0
Arsenal-FC Barcelone 2-4
Fiorentina-Solna 3-0
FC Barcelone-Solna 5-0
Arsenal-Fiorentina 0-1
Solna-Arsenal 2-3
Fiorentina-FC Barcelone 3-3

Classement Groupe A	Pts	J	G	N	P	bp	bc	dif
1. Lazio Rome	14	6	4	2	0	13	3	+10
2. Dynamo Kiev	7	6	2	1	3	8	8	0
3. Bayer Leverkusen	7	6	1	4	1	7	7	0
4. Maribor	4	6	1	1	4	2	12	–10

Lazio Rome et Dynamo Kiev qualifiés pour le 2e tour.
Bayer Leverkusen qualifié pour le 3e tour de la Coupe de l'UEFA.
NDLR : les équipes à égalité de points sont départagées par les rencontres directes.

Classement Groupe B	Pts	J	G	N	P	bp	bc	dif
1. FC Barcelone	14	6	4	2	0	19	9	+10
2. Fiorentina	9	6	2	3	1	9	7	+2
3. Arsenal	8	6	2	2	2	9	9	0
4. Solna	1	6	0	1	5	4	16	–12

FC Barcelone et Fiorentina qualifiés pour le 2e tour.
Arsenal qualifié pour le 3e tour de la Coupe de l'UEFA.

Groupe C

Boavista-Rosenborg 0-3
Feyenoord Rotterdam-Borussia Dortmund 1-1
Borussia Dortmund-Boavista 3-1
Rosenborg-Feyenoord Rotterdam 2-2
Rosenborg-Borussia Dortmund 2-2
Boavista-Feyenoord Rotterdam 1-1
Borussia Dortmund-Rosenborg 0-3
Feyenoord Rotterdam-Boavista 1-1
Rosenborg-Boavista 2-0
Borussia Dortmund-Feyenoord Rotterdam 1-1
Boavista-Borussia Dortmund 1-0
Feyenoord Rotterdam-Rosenborg 1-0

Groupe D

Manchester United-Croatia Zagreb 0-0
Marseille-Sturm Graz 2-0
Sturm Graz-Manchester United 0-3
Croatia Zagreb-Marseille 1-2
Croatia Zagreb-Sturm Graz 3-0
Manchester United-Marseille 2-1
Sturm Graz-Croatia Zagreb 1-0
Marseille-Manchester United 1-0
Croatia Zagreb-Manchester United 1-2
Sturm Graz-Marseille 3-2
Manchester United-Sturm Graz 2-1
Marseille-Croatia Zagreb 2-2

Classement Groupe C	Pts	J	G	N	P	bp	bc	dif
1. Rosenborg	11	6	3	2	1	12	5	+7
2. Feyenoord Rotterdam	8	6	1	5	0	7	6	+1
3. Borussia Dortmund	6	6	1	3	2	7	9	–2
4. Boavista	5	6	1	2	3	4	10	–6

Rosenborg et Feyenoord Rotterdam qualifiés pour le 2e tour.
Borussia Dortmund qualifié pour le 3e tour de la Coupe de l'UEFA.

Classement Groupe D	Pts	J	G	N	P	bp	bc	dif
1. Manchester United	13	6	4	1	1	9	4	+5
2. Marseille	10	6	3	1	2	10	8	+2
3. Sturm Graz	6	6	2	0	4	5	12	–7
4. Croatia Zagreb	5	6	1	2	3	7	7	0

Manchester United et Marseille qualifiés pour le 2e tour.
Sturm Graz qualifié pour le 3e tour de la Coupe de l'UEFA.

Les matchs de Bordeaux

Le 15 septembre, à Prague
Sparta Prague et Bordeaux 0-0.
20 000 spectateurs.
Arbitre : M. Hauge (Nor.).

Les équipes :

SPARTA PRAGUE : Postulka – Fukal, Gabriel, Novotny – Baranek, Svoboda puis Novotny (90e), Hasek, Rosicky puis Prohaszka (83e), Labant – Siegl puis Sionko (57e), Lokvenc.
BORDEAUX : Ramé – Grenet, Afanou, Saveljic, Alicarte – Martins puis Battles (90e), Rouvière, Diabaté, Micoud – Laslandes, Wiltord.

Le 21 septembre, à Bordeaux
Bordeaux bat Willem II 3-2 (2-1).
20 000 spectateurs.
Arbitre : M. Barber (Ang.).
Buts : Victoria (15e csc), Laslandes (21e), Feindouno (83e) pour Bordeaux, Abdellaoui (40e), Sanou (70e) pour Willem II.

Les équipes :

BORDEAUX : Ramé – Grenet, Saveljic, Afanou, Bonnissel – Martins (puis Battles (63e), Diabaté, Rouvière, Micoud – Wiltord puis Feindouno (73e), Laslandes (cap.).
WILLEM II : Mampaey – Jaliens, Valk, Victoria, Hill – Galasek, Arts (cap.), Abdellaoui puis Sanou (58e) – Ceesay, Bombarda puis Schenning (74e), Shoukov.

Le 28 septembre, à Bordeaux
Bordeaux bat Spartak Moscou 2-1 (1-0).
18 000 spectateurs.
Arbitre : M. Meier (Sui.).
Buts : Wiltord (9e), Micoud (55e) pour Bordeaux, Bezrodnyi (64e) pour Spartak Moscou.

Les équipes :

BORDEAUX : Ramé – Grenet, Afanou, Saveljic, Bonnissel – Martins puis Battles (73e), Pavon, Diabaté, Micoud – Wiltord puis Feindouno (86e), Laslandes.
SPARTAK MOSCOU : Filimonov – Parfionov, Bouchmanov, Khlestov, Evseïev – Baranov puis Ketchnivov (55e), Boulatov, Titov, Tikhonov – Tsymbalar, Bezrodnyi.

Le 20 octobre, à Moscou
Bordeaux bat Spartak Moscou 2-1 (1-0).
40 000 spectateurs.
Arbitre : M. Poll (Ang.).
Buts : Tikhonov (54e s. pén.) pour Spartak Moscou, Micoud (21e), Wiltord (75e) pour Bordeaux.

Les équipes :

SPARTAK MOSCOU : Filimonov – Parfionov, Khlestov, Bouchmanov, Kovtoune – Baranov puis Ketchinov (54e), Titov, Boulatov, Tikhonov – Bezrodnyi, Chirko.
BORDEAUX : Ramé – Grenet, Afanou, Alicarte, Bonnissel – Martins puis Rouvière (76e), Diabaté, Pavon, Micoud – Wiltord puis Battles (85e), Laslandes.

Le 26 octobre, à Bordeaux
Bordeaux et Sparta Prague 0-0.
22 000 spectateurs.
Arbitre : M. Diaz Vega (Esp.).

Les équipes :

BORDEAUX : Ramé – Jemmali, Saveljic, Alicarte, Bonnissel – Martins puis Micoud (75e), Rouvière, Pavon, Diabaté puis Battles (66e) – Wiltord puis Zanotti (90e), Laslandes.

SPARTA PRAGUE : Postulka – Hornak, Fukal, J. Novotny, Gabriel, Labant – Baranek puis Svoboda (88e), Hasek, Rosicky puis Jarosik (90e) – Lokvenc puis Siegl (80e), Sionko.

Le 3 novembre, à Tilburg

Willem II et Bordeaux 0-0.

12 000 spectateurs.

Arbitre : M. Radoman (You.).

Les équipes :

WILLEM II TILBURG : Van Fessem – Prommayon, Galasek, Gentile, Schenning puis Hill (90e) – Jaliens, Victoria puis Valk (87e), Landzaat puis Ramzi (80e) – Ceesay, Sanou, Choukov.

BORDEAUX : Richert – Jemmali, Alicarte, Afanou, Bonnissel – Battles puis Feindouno (68e), Diabaté, Rouvière, Micoud – Martins puis Grenet (83e), Wiltord.

Les matchs de Marseille

Le 14 septembre, à Marseille

Marseille bat Sturm Graz 2-0 (2-0).

30 000 spectateurs.

Arbitre : M. Sarvan (Tur.).

Buts : Pires (9e), Ravanelli (32e).

Les équipes :

MARSEILLE : Porato – Perez, Berizzo, Gallas, Blondeau – Brando, Pires (cap.), Luccin, Dalmat puis Belmadi (76e) – Ravanelli puis Keita (88e), Maurice puis K. Diawara (81e).

STURM GRAZ : Schicklgruber – Neukirchner puis Kutsupias (81e), Foda, Feldhofer – Prilasnig, Schupp, Mahlich, Martens puis Korsos (46e) – Reinmayr puis M. Pantelic (46e) – Vastic (cap.), Kocijan.

Le 22 septembre, à Zagreb

Marseille bat Croatia Zagreb 2-1 (1-0).

30 000 spectateurs.

Arbitre : Stefano Braschi (Ita.).

Buts : Sokota (64e) pour Croatia Zagreb, Bakayoko (5e), Perez (77e) pour Marseille.

Les équipes :

CROATIA ZAGREB : Ladic – Tokic puis Sokota (46e), Juric (cap.), Tomas – Saric, Juricic, M. Cvitanovic puis Mumlek (46e) – Biscan, Rukavina puis Jelicic (76e), Mujcin – J. Simic.

MARSEILLE : Porato – Perez, Gallas, Berizzo, Blondeau puis Brando (53e) – Issa – Keita puis Ravanelli (67e), Pires (cap.), Luccin, Dalmat – Bakayoko puis Diawara (86e).

Le 29 septembre, à Manchester

Manchester bat Marseille 2-1 (0-1).

53 250 spectateurs.

Arbitre : M. Garcia-Aranda (Esp.).

Buts : Cole (79e), Scholes (82e) pour Manchester, Bakayoko (41e) pour Marseille.

Les équipes :

MANCHESTER UNITED : Van Der Gouw – Irwin, Stam (cap.), Berg puis Sheringham (77e), P. Neville – Beckham, Butt, Scholes, Solksjaer puis Fortune (72e) – Yorke, Cole puis Clegg (86e).

MARSEILLE : Porato – Percz, Gallas, Y. Fischer, Issa puis Belmadi (81e), Blondeau – Brando, Luccin puis De la Pena (77e), Dalmat – Bakayoko, Ravanelli (cap.), puis Pires (62e).

Groupe E

Olympiakos-Real Madrid 3-3
Molde-FC Porto 0-1
FC Porto-Olympiakos 2-0
Real Madrid-Molde 4-1
Real Madrid-FC Porto 3-1
Olympiakos-Molde 3-1
FC Porto-Real Madrid 2-1
Molde-Olympiakos 3-2
Real Madrid-Olympiakos 3-0
FC Porto-Molde 3-1
Olympiakos-FC Porto 1-0
Molde-Real Madrid 0-1

Groupe F

Bayern Munich-PSV Eindhoven 2-1
FC Valence-Glasgow Rangers 2-0
Glasgow Rangers-Bayern Munich 1-1
PSV Eindhoven-FC Valence 1-1
PSV Eindhoven-Glasgow Rangers 0-1
Bayern Munich-FC Valence 1-1
Glasgow Rangers-PSV Eindhoven 4-1
FC Valence-Bayern Munich 1-1
PSV Eindhoven-Bayern Munich 2-1
Glasgow Rangers-FC Valence 1-2
Bayern Munich-Glasgow Rangers 1-0
FC Valence-PSV Eindhoven 1-0

Classement Groupe E	Pts	J	G	N	P	bp	bc	dif
1. Real Madrid	13	6	4	1	1	15	7	+8
2. FC Porto	12	6	4	0	2	9	6	+3
3. Olympiakos	7	6	2	1	3	9	12	−3
4. Molde	3	6	1	0	5	6	14	−8

Real Madrid et FC Porto qualifiés pour le 2e tour.
Olympiakos qualifié pour le 3e tour de la Coupe de l'UEFA.

Classement Groupe F	Pts	J	G	N	P	bp	bc	dif
1. FC Valence	12	6	3	3	0	8	4	+4
2. Bayern Munich	9	6	2	3	1	7	6	+1
3. Glasgow Rangers	7	6	2	1	3	7	7	0
4. PSV Eindhoven	4	6	1	1	4	5	10	−5

FC Valence et Bayern Munich qualifiés pour le 2e tour.
Glasgow Rangers qualifié pour le 3e tour de la Coupe de l'UEFA.

Groupe G

Sparta Prague-Bordeaux 0-0
Willem II-Spartak Moscou 1-3
Spartak Moscou-Sparta Prague 1-1
Bordeaux-Willem II 3-2
Bordeaux-Spartak Moscou 2-1
Sparta Prague-Willem II 4-0
Spartak Moscou-Bordeaux 1-2
Willem II-Sparta Prague 3-4
Bordeaux-Sparta Prague 0-0
Spartak Moscou-Willem II 1-1
Sparta Prague-Spartak Moscou 5-2
Willem II-Bordeaux 0-0

Groupe H

Chelsea-Milan AC 0-0
Galatasaray-Hertha Berlin 2-2
Hertha Berlin-Chelsea 2-1
Milan AC-Galatasaray 2-1
Milan AC-Hertha Berlin 1-1
Chelsea-Galatasaray 1-0
Hertha Berlin-Milan AC 1-0
Galatasaray-Chelsea 0-5
Milan AC-Chelsea 1-1
Hertha Berlin-Galatasaray 1-4
Chelsea-Hertha Berlin 2-0
Galatasaray-Milan AC 3-2

Classement Groupe G	Pts	J	G	N	P	bp	bc	dif
1. Sparta Prague	12	6	3	3	0	14	6	+8
2. Bordeaux	12	6	3	3	0	7	4	+3
3. Spartak Moscou	5	6	1	2	3	9	12	−3
4. Willem II	2	6	0	2	4	7	15	−8

Sparta Prague et Bordeaux qualifiés pour le 2e tour.
Spartak Moscou qualifié pour le 3e tour de la Coupe de l'UEFA.

Classement Groupe H	Pts	J	G	N	P	bp	bc	dif
1. Chelsea	11	6	3	2	1	10	3	+7
2. Hertha Berlin	8	6	2	2	2	7	10	−3
3. Galatasaray	7	6	2	1	3	10	13	−3
4. Milan AC	6	6	1	3	2	6	7	−1

Chelsea et Hertha Berlin qualifiés pour le 2e tour.
Galatasaray qualifié pour le 3e tour de la Coupe de l'UEFA.

Le 19 octobre, à Marseille

Marseille bat Manchester 1-0 (0-0).

59 000 spectateurs.

Arbitre : M. Krug (All.).

But : Gallas (69e).

Les équipes :

MARSEILLE : Porato – Perez, Gallas, Berizzo, Blondeau – Issa – Brando puis De la Pena (64e), Pires (cap.), Luccin, Dalmat puis Reina (88e) – Ravanelli puis Maurice (74e).

MANCHESTER UNITED : Bosnich – Irwin, Berg puis Solksjaer (83e), Stam, P. Neville – Beckham, Keane, Scholes, Giggs – Yorke, Cole.

Le 27 octobre, à Graz

Sturm Graz bat Marseille 3-2 (1-0).

14 850 spectateurs.

Arbitre : M. Ouzounov (Bul.).

Buts : Maehlich (18e), Kocijan (61e, 84e) pour Graz, Dugarry (52e, 77e) pour Marseille.

Exclusion : Blondeau (68e) pour Marseille.

Les équipes :

STURM GRAZ : Schicklgruber – Feldhofer puis Strafner (39e), Neukirchner, Prilasnig – Schopp puis Reinmayr (81e), Maehlich, Schupp, Martens – Vastic, Kocijan, Minavand puis Bardel (76e).

MARSEILLE : Porato – Perez, Gallas, Berizzo, Blondeau – Issa puis De la Pena (46e) puis Dugarry (50e) – Luccin, Pires, Dalmat – Maurice puis Reina (70e), Ravanelli.

Le 2 novembre, à Marseille

Marseille et Croatia Zagreb 2-2 (0-1).

37 887 spectateurs.

Arbitre : M. Collina (Ita.).

Buts : Bakayoko (53e), K. Diawara (89e) pour Marseille, Mujcin (42e), Mikic (84e) pour Croatia Zagreb.

Les équipes :

MARSEILLE : Porato – Perez, Luccin, Berizo, Reina – Belmadi, Brando, Montenegro puis Dalmat (59e), Dugarry (cap.) puis Pires (66e) – Diawara, Bakayoko puis Ravanelli (78e).

CROATIA ZAGREB : Butina – Tokic, Rukavina, Tomas – Saric, Jurcic, Cvitanovic – Prosinecki (cap.) puis Jelicic (70e), Mujcin puis Mumlek (68e) – J. Simic, Sokota puis Mikic (62e).

Deuxième tour

Les matchs de Marseille

Le 24 novembre, à Marseille

Lazio Rome bat Marseille 2-0 (0-0).

55 000 spectateurs.

Arbitre : M. Diaz Vega (Esp.).

Buts : Stankovic (64e), Conceiçao (77e).

Les équipes :

MARSEILLE : Porato – Perez puis Maurice (67e), Berizzo, Y. Fischer, Gallas – Brando, Luccin, Pires (cap.), Dalmat – Dugarry, K. Diawara puis Ravanelli (58e).

LAZIO ROME : Marchegiani – Pancaro, Nesta (cap.), Mihaijlovic, Favalli – Conceiçao, Stankovic, Sensini, Nedved puis Almeyda (81e) – Mancini puis Veron (74e), Salas puis Boksic (78e).

Deuxième tour

Groupe A

Hertha Berlin-FC Porto 0-1
Sparta Prague-FC Barcelone 1-2
FC Barcelone-Hertha Berlin 3-1
FC Porto-Sparta Prague 2-2
FC Porto-FC Barcelone 0-2
Sparta Prague-Hertha Berlin 1-0
FC Porto-Hertha Berlin 1-0
FC Barcelone-Sparta Prague 5-0
Hertha Berlin-FC Barcelone 1-1
Sparta Prague-FC Porto 0-2
FC Barcelone-FC Porto 4-2
Hertha Berlin-Sparta Prague 1-1

Groupe B

Fiorentina-Bordeaux 3-3
Manchester United-FC Valence 0-0
Bordeaux-FC Valence 1-4
Manchester United-Fiorentina 3-1
Bordeaux-Manchester United 1-2
FC Valence-Fiorentina 2-0
Bordeaux-Fiorentina 0-0
Manchester United-FC Valence 3-0
FC Valence-Bordeaux 3-0
Fiorentina-Manchester United 2-0
Manchester United-Bordeaux 2-0
Fiorentina-FC Valence 1-0

Classement Groupe A	Pts	J	G	N	P	bp	bc	dif
1. FC Barcelone	16	6	5	1	0	17	5	+12
2. FC Porto	10	6	3	1	2	8	8	0
3. Sparta Prague	5	6	1	2	3	5	12	–7
4. Hertha Berlin	2	6	0	2	4	3	8	–5

FC Barcelone et FC Porto qualifiés pour les quarts de finale.

Classement Groupe B	Pts	J	G	N	P	bp	bc	dif
1. Manchester United	13	6	4	1	1	10	4	+6
2. FC Valence	10	6	3	1	2	9	5	+4
3. Fiorentina	8	6	2	2	2	7	8	–1
4. Bordeaux	2	6	0	2	4	5	14	–9

Manchester United et FC Valence qualifiés pour les quarts de finale.

Groupe C

Dynamo Kiev-Bayern Munich 2-0
Rosenborg-Real Madrid 0-1
Bayern Munich-Real Madrid 4-1
Rosenborg-Dynamo Kiev 1-2
Dynamo Kiev-Rosenborg 2-1
Real Madrid-Bayern Munich 2-4
Bayern Munich-Dynamo Kiev 2-1
Real Madrid-Rosenborg 3-1
Dynamo Kiev-Real Madrid 1-2
Rosenborg-Bayern Munich 1-1
Bayern Munich-Rosenborg 2-1
Real Madrid-Dynamo Kiev 2-2

Groupe D

Marseille-Feyenoord Rotterdam 0-0
Chelsea-Lazio Rome 1-2
Lazio Rome-Feyenoord Rotterdam 1-2
Marseille-Chelsea 1-0
Feyenoord Rotterdam-Marseille 3-0
Lazio Rome-Chelsea 0-0
Marseille-Lazio Rome 0-2
Chelsea-Feyenoord Rotterdam 3-1
Feyenoord Rotterdam-Lazio Rome 0-0
Chelsea-Marseille 1-0
Feyenoord Rotterdam-Chelsea 1-3
Lazio Rome-Marseille 5-1

Classement Groupe C	Pts	J	G	N	P	bp	bc	dif
1. Bayern Munich	13	6	4	1	1	13	8	+5
2. Real Madrid	10	6	3	1	2	11	12	–1
3. Dynamo Kiev	10	6	3	1	2	10	8	+2
4. Rosenborg	1	6	0	1	5	5	11	–6

Bayern Munich et Real Madrid sont qualifiés pour les quarts de finale.

Classement Groupe D	Pts	J	G	N	P	bp	bc	dif
1. Lazio Rome	11	6	3	2	1	10	4	+6
2. Chelsea	10	6	3	1	2	8	5	+3
3. Feyenoord Rotterdam	8	6	2	2	2	7	7	0
4. Marseille	4	6	1	1	4	2	11	–9

Lazio Rome et Chelsea sont qualifiés pour les quarts de finale.

Le 7 décembre, à Rotterdam

Feyenoord Rotterdam bat Marseille 3-0 (0-0).
40 000 spectateurs.
Arbitre : M. Melo Pereira (Por.).
Buts : Cruz (72e, 90e), Bosvelt (83e).
Exclusions : Van Wonderen (7e) pour Feyenoord, Fischer (62e), Perez (79e) pour Marseille.

Les équipes :

FEYENOORD ROTTERDAM : Dudek – Gyan, Konterman, Van Wonderen, Rzasa – Bosvelt, Van Gastel, Paauwe – Kalou, Cruz, Van Vossen puis De Visser (37e).
MARSEILLE : Porato – Perez, Gallas, Berizzo puis Issa (46e), Y. Fischer – Pires puis Martin (69e), Brando, Luccin, Dalmat – Maurice puis Bakayoko (80e), Dugarry.

Le 29 février, à Marseille

Marseille bat Chelsea 1-0 (1-0).
40 000 spectateurs.
Arbitre : M. Pedersen (Nor.).
But : Pires (16e).

Les équipes :

MARSEILLE : Trévisan – Blondeau, Cyprien, Luccin, Abardonado, Dalmat – Pires, Brando, J. Leroy – Bakayoko puis Moses (90e), Pouget puis De la Pena (72e).
CHELSEA : De Goey – Ferrer puis Morris (81e), Lebœuf, Desailly, Harley – Petrescu, Deschamps puis Di Matteo (62e), Wise, Poyet – Zola, T.-A. Flo puis Sutton (81e).

Le 8 mars, à Londres

Chelsea bat Marseille 1-0 (1-0).
33 206 spectateurs.
Arbitre : Juan Antonio Fernandez Marin (Esp.).
But : Wise (27e).

Les équipes :

CHELSEA : De Goey – Ferrer, Desailly, Lebœuf, Babayaro – Wise (cap.), Deschamps puis Di Matteo (80e), Morris – Zola puis Harley (80e), Poyet, Flo.
MARSEILLE : Trévisan – S. Perez puis Y. Fischer (38e), Cyprien puis De la Pena (66e), Luccin, Abardonado, Dalmat – Brando, Pires (cap.), J. Leroy – Bakayoko, Pouget.

Le 14 mars, à Rome

Lazio Rome bat Marseille 5-1 (3-0).
40 000 spectateurs.
Arbitre : Anders Frisk (Suè.).
Buts : S. Inzaghi (17e, 37e, 38e, 71e), Boksic (82e) pour la Lazio, J. Leroy (50e) pour Marseille.
Sergio Conceiçao (42e) pour Lazio Rome.

Les équipes :

LAZIO ROME : Marchegiani – Negro, Nesta, Mihaijlovic puis Couto (51e), Pancaro puis Gottardi (74e) – Sergio Conçeiçao, Simeone, Stankovic puis Sensini (68e), Nedved – Boksic, S. Inzaghi.
MARSEILLE : Porato – Martin puis Bakayoko (46e), Abardonado, Luccin, Y. Fischer puis Martini (46e), Dalmat – Brando, De la Pena, J. Leroy – Pouget puis Moses (61e), Pires.

Le 22 mars, à Marseille

Marseille et Feyenoord Rotterdam 0-0.
9 000 spectateurs.
Arbitre : Arturo Ibañez (Esp.).
Exclusion : Martini (75e) pour Marseille.

Les équipes :

MARSEILLE : Porato – Y. Fischer, Martini, Luccin (cap.), Abardonado, Reina – Keita puis Gavanon (90e), Brando, De la Pena, J. Leroy – Bakayoko puis Moses (62e).
FEYENOORD ROTTERDAM : Dudek – Van Gobbel puis Korneev (80e), Konterman, Van Wonderen, Rzasa – Bosvelt (cap.), Van Gastel puis Somalia (76e), Tomasson, De Visser puis Van Vossen (65e) – Kalou, Cruz.

Les matchs de Bordeaux

Le 23 novembre, à Valence

FC Valence bat Bordeaux 3-0 (0-0).
40 000 spectateurs.
Arbitre : M. Dick (PBS).
Buts : Farinos (60e), Ilie (68e), Kily Gonzalez (89e).

Les équipes :

FC VALENCE : Palop – Angloma, Djukic, Pellegrino, Carboni – Farinos puis Angulo (80e), Mendieta (cap.), Gerard, Kily Gonzalez – Claudio Lopez, Ilie puis Albelda (75e).
BORDEAUX : Ramé – Grenet, Saveljic, Afanou, Alicarte – Martins puis Ziani (58e), Pavon (cap.), Diabaté puis Rouvière (86e), Micoud – Laslandes, Wiltord.

Le 8 décembre, à Bordeaux

Bordeaux et Fiorentina 0-0.
28 000 spectateurs.
Arbitre : M. Nilsson (Suè.).

Les équipes :

BORDEAUX : Ramé – Grenet, Saveljic, Afanou, Alicarte – Martins puis Rouvière (85e), Diabaté, Pavon, Micoud – Wiltord, Laslandes.
FIORENTINA : Toldo – Repka, Firicano, Pierini – Torricelli, Di Livio, Amoroso puis Rossitto (68e), Heinrich – Rui Costa – Chiesa puis Bressan (70e), Balbo.

Le 1er mars, à Manchester

Manchester United bat Bordeaux 2-0 (1-0).
62 000 spectateurs.
Arbitre : M. Strampe (All.).
Buts : Giggs (42e), Sheringham (84e).

Les équipes :

MANCHESTER UNITED : Van der Gouw – G. Neville, Stam, Silvestre, Irwin – Beckham, Keane puis Fortune (87e), Butt, Giggs puis Solskjaer (87e) – Sheringham, Cole puis P. Neville (81e).
BORDEAUX : Ramé – Grenet, Alicarte, Afanou, Bonnissel – Martins puis Ziani (64e), Diabaté, Pavon, Micoud – Wiltord, Laslandes.

Le 7 mars, à Bordeaux

Manchester United bat Bordeaux 2-1 (1-1).
35 000 spectateurs.
Arbitre : M. Wegereef (PBS).
Buts : Pavon (9e) pour Bordeaux, Keane (33e), Solskjaer (85e) pour Manchester.
Exclusion : Laslandes (23e) pour Bordeaux.

Les équipes :

BORDEAUX : Ramé – Grenet, Saveljic, Afanou, Bonnissel – Ziani puis Rouvière (60e), Battles puis Diabaté (9e), Pavon (cap.), Micoud – Wiltord puis Feindouno (82e), Laslandes.
MANCHESTER UNITED : Van der Gouw – G. Neville, Stam, Silvestre, Irwin puis Solskjaer (84e) – Beckham, Keane (cap.), Butt, Giggs – Sheringham puis Yorke (77e), Cole puis Berg (87e).

Le 15 mars, à Bordeaux

Valence bat Bordeaux 4-1 (1-0).
25 000 spectateurs.
Arbitre : M. Stuchlik (Aut.).
Buts : Wiltord (54e) pour Bordeaux, Djukic (41e), Mendieta (48e, sur pén.), Kily Gonzalez (72e), Sanchez (90e) pour Valence.
Exclusion : Saveljic (47e) pour Bordeaux.

Les équipes :

BORDEAUX : Ramé – Grenet, Alicarte, Saveljic, Bonnissel – Ziani, Diabaté puis Afanou (51e), Pavon, Micoud puis Rouvière (78e) – Feindouno puis Collucci (62e), Wiltord.
VALENCE : Canizares – Angloma, Djukic, Pellegrino, Carboni – Mendieta puis Bjoerklund (56e), Farinos, Gerard, Kily Gonzalez puis Oscar (85e) – Ilie puis Angulo (73e), Sanchez.

Le 21 mars, à Florence

Fiorentina et Bordeaux 3-3 (0-1).
25 000 spectateurs.
Arbitre : M. Schoch (Sui.).
Buts : Chiesa (47e sur pén.), Batistuta (61e), Rui Costa (64e) pour la Fiorentina, Wiltord (5e), Zanotti (87e), Battles (90e) pour Bordeaux.
Exclusion : Alicarte (46e) pour Bordeaux.

Les équipes :

FIORENTINA : Toldo – Repka, Firicano, Pierini – Torricelli, Cois puis Okon (73e), Di Livio, Bressan puis Amoroso (38e), Rui Costa – Chiesa, Batistuta puis Balbo (80e).
BORDEAUX : Ramé – Battles, Diabaté, Pavon, Alicarte, Bonnissel – Rouvière puis Collucci (73e), Ziani puis Sahnoun (59e), Micoud puis Zanotti (78e) – Wiltord, Laslandes.

Quarts de finale

FC Barcelone bat Chelsea 1-3 et 5-1 a.p.; Valence bat Lazio Rome 5-2 et 0-1; Real Madrid bat Manchester United 0-0 et 3-2; Bayern Munich bat Porto 1-1 et 2-1.

Demi-finales

Real Madrid-Bayern Munich 2-0 et 1-2; Valence-Barcelone 4-1 et 1-2.

Finale

Le 24 mai, au Stade de France.

Real Madrid bat Valence 3 à 0 (1-0).
80 000 spectateurs.
Arbitre : M. Stefano Braschi (Ita.).
Buts : Morientes (39e), McManaman (67e), Raul (75e).

Les équipes :

REAL MADRID : Casillas – Michel Salgado puis Hierro (85e), Karanka, Helguera, Ivan Campo, Roberto Carlos – Redondo, McManaman, Raul – Anelka puis Sanchis (80e), Morientes puis Savio (72e).
VALENCE : Canizares – Angloma, Djukic, Pellegrino, Gerardo – Mendieta, Farinos, Gerard, Kily Gonzalez puis Ilie (69e) – Angulo, Claudio Lopez.

La saison de l'équipe de France

Le 18 août, à Belfast (amical)

France bat Irlande du Nord 1-0 (0-0)

11 804 spectateurs.
Arbitre : M. Dallas (Éco).
But : Laslandes (67e).
Les équipes :
IRLANDE DU NORD : Taylor puis Wright (46e) – A. Hugues, Williams, Hunter, Horlock – Mc Carthy, Lennon, Lomas (cap.), Kennedy puis Gillespie (74e) – M. Hugues, Dowie puis Quinn (55e).
FRANCE : Barthez – Thuram, Blanc (cap.), Desailly puis Lebœuf (65e), Lizarazu puis Candela (55e) – Vieira puis Déhu (84e), Boghossian, Pires, Micoud – Wiltord puis Robert (55e), Laslandes puis Vairelles (77e).

●

Le 3 septembre, à Kiev (Euro)

Ukraine et France 0-0

70 000 spectateurs.
Arbitre : M. Dallas (Éco.).
Les équipes :
UKRAINE : Shovkovski – Loujni (cap.), Golovko, Vachtchouk, Dmitroulin puis Mikitin (45e) – Gusin puis Tsikhmeistruk (81e), Popov, Maksimov puis Konovalov (67e), Kosovski – Chevtchenko, Rebrov.
FRANCE : Barthez – Thuram, Blanc, Desailly, Lizarazu – Vieira, Deschamps (cap), Karembeu – Zidane, Djorkaeff puis Pires (69e) – Anelka puis Laslandes (52e).

●

Le 8 septembre, à Erevan (Euro)

France bat Arménie 3-2 (1-1)

18 000 spectateurs environ.
Arbitre : M. Ouzounov (Bul.).
Buts : Mikaelian (7e), Shahgueldian (90e sur pén.) pour l'Arménie ; Djorkaeff (45e sur pen.), Zidane (67e), Laslandes (74e) pour la France.
Expulsion : Déhu (90e) pour la France.
Les équipes :
ARMÉNIE : Berezovski – V. Khatchatrian (cap.), Hovsepian, R. Khatchatrian puis Kocharian (75e), Mkitchian – Haroutiounian puis Grigorian (64e), Petrossian, Sarkissian, Yessaian – Shahgueldian, Mikaelian puis Devani (67e).
FRANCE : Barthez – Lizarazu, Desailly, Blanc, Thuram – Zidane puis Déhu (72e), Deschamps (cap.), Djorkaeff, Karembeu – Wiltord puis Robert (63e), Laslandes.

●

Le 9 octobre, au Stade de France (Euro)

France bat Islande 3-2 (2-0)

78 391 spectateurs.
Arbitre : M. Heynemann (All.).
Buts : Dadason (18e csc), Djorkaeff (38e), Trezeguet (71e) pour la France ; Sverrisson (48e), Gunnarsson (56e) pour l'Islande.
Les équipes :
FRANCE : Lama – Lizarazu, Desailly, Blanc, Thuram – Deschamps (cap.), Boghossian puis Vieira (90e) – Zidane, Djorkaeff – Wiltord puis Vairelles (83e), Laslandes puis Trezeguet (64e).
ISLANDE : B. Kristisson – Sverrisson (cap.) – Helgason, L. Sigurdsson, Marteinsson puis Koldvisson (81e), Hreidersson – Gunnarsson, T. Gudjonsson, R. Kristinsson – H. Sigurdsson puis H. Helguson (66e), Dadason puis Gudjohnsen (54e).

●

Le 13 novembre, au Stade de France (amical)

France bat Croatie 3-0 (0-0)

74 167 spectateurs.
Arbitre : M. Michel (Svq.).
Buts : Pires (46e), Maurice (67e), Vairelles (73e).
Les équipes :
FRANCE : Porato – Thuram, Lebœuf, Desailly (cap.), Candela – Vieira, Boghossian puis Déhu (73e) – Micoud puis Deschamps (85e), Zidane puis Djorkaeff (46e), Pires puis Vairelles (49e) – Guivarc'h puis Maurice (46e).
CROATIE : Pavlovic – Tomas, Stimac puis Zivkovic (62e), Soldo – Rukavina puis Saric (77e), Boban (cap.) puis Kovac (85e), Jarni – Stanic, Asanovic – Boksic, Suker.

●

Le 23 février, au Stade de France (amical)

France bat Pologne 1-0 (0-0)

74 350 spectateurs.
Arbitre : M. Kyros Vassaras (Grè.).
But : Zidane (88e).
Les équipes :
FRANCE : Barthez – Thuram, Desailly, Blanc puis Lebœuf (45e), Lizarazu – Petit puis Vieira (58e), Deschamps (cap.) – Djorkaeff puis Vairelles (74e), Zidane – Trezeguet, Wiltord puis Pires (58e).
POLOGNE : Dudek – Bak, Waldoch (cap.), Mi. Zewlakow puis Hajto (64e), Klos – Karwan, Iwan puis Wieszczycki (72e), Swierczewski, Krzynowek puis Kielbowicz (90e) – Reiss puis Rzazsa (83e), Ma. Zewlakow puis Kryszatowicz (57e).

●

Le 29 mars, à Glasgow (amical)

France bat Écosse 2-0 (0-0)

48 157 spectateurs.
Arbitre : M. Rune Pedersen (Norv.).
Buts : Wiltord (54e), Henry (90e).
Les équipes :
ÉCOSSE : Sullivan – Telfer puis Johnston (69e), Dailly, Hendry (cap.), Davidson – Ritchie, B. Ferguson, Cameron, Hutchinson – Gallagher puis Burchill (80e), Doods.
FRANCE : Ramé – Lizarazu, Blanc, Desailly, Thuram – Deschamps (cap.) puis Vieira (60e), Petit – Dugarry puis Pires (72e), Giuly puis Micoud (46e), Djorkaeff puis Wiltord (46e) – Henry.

●

Le 26 avril, au Stade de France (amical)

France bat Slovénie 3-2 (0-2)

60 000 spectateurs.
Arbitre : El Arjoune (Mar.).
Buts : Trezeguet (63e, 90e), Blanc (77e) pour la France ; Milinovic (3e), Udovic (9e) pour la Slovénie.
Les équipes :
FRANCE : Barthez – Thuram, Lebœuf, Blanc, Lizarazu – Vieira, Deschamps puis Petit (62e) – Zidane, Pires puis Vairelles (62e) – Dugarry puis Micoud (46e), Henry puis Trezeguet (46e).
SLOVÉNIE : Dabanovic – Milinovic, Milanic, Knavs – Novak puis Gajser (88e), Ceh, Karic puis Galic (70e) – Pavlin puis Pavlovic (63e), Rudonja – Udovic puis Osterc (57e), Zahovic.

●

Le 28 mai, à Zagreb (amical)

France bat Croatie 2-0 (1-0)

15 000 spectateurs.
Arbitre : M. Stuchlik (Aut.).
Buts : Pires (23e), Trezeguet (70e).
Les équipes :
CROATIE : Ladic puis Pavlovic (9e) – R. Kovac puis Saric (45e), Stimac, Simic – N. Kovac, Stanic puis Bubalo (89e), Soldo, Asanovic puis Jurcic (58e), Jarni – Suker (cap.), Boksic.
FRANCE : Barthez – Thuram, Desailly, Blanc puis Lebœuf (75e), Lizarazu – Deschamps (cap.), Petit puis Vieira (45e) – Pires puis Trezeguet (45e), Zidane puis Candela (82e), Wiltord – Henry puis Micoud (60e).

●

Le 4 juin, à Casablanca (Tournoi Hassan-II)

France bat Japon 2-2 (0-1)
4 tirs au but à 2

30 000 spectateurs.
Arbitre : M. El Arjoune (Mar.).
Buts : Zidane (61e), Djorkaeff (75e) pour la France ; Morishima (34e), Nishizawa (70e) pour le Japon.
Tirs au but : Djorkaeff, Anelka, Henry, Lebœuf pour la France ; Nakata, Miura pour le Japon.
Les équipes :
FRANCE : Barthez – Thuram, Blanc, Desailly puis Lebœuf (68e), Lizarazu – Deschamps (cap.) puis Vieira (46e), Petit – Pires puis Djorkaeff (46e), Zidane puis Henry (90e), Wiltord puis Dugarry (46e) – Trezeguet puis Anelka (74e).
JAPON : Narasaki (cap.) – Morioka, Matsuda, Oiwa Go – Ito, Inamoto puis Miura (67e), Nanami, Nakamura – Nakata – Morishima, Nishizawa.

●

Le 6 juin, à Casablanca (Tournoi Hassan-II)

France bat Maroc 5-1 (1-0)

57 000 spectateurs.
Arbitre : M. Ali Boujsim (EAU).
Buts : Henry (27e), Djorkaeff (56e sur pén.), Dugarry (79e), Anelka (83e), Wiltord (90e) pour la France ; Naybet (65e) pour le Maroc.
Les équipes :
FRANCE : Lama – Karembeu, Lebœuf, Desailly (cap.), Candela – Vieira, Micoud puis Deschamps (67e) – Dugarry puis Wiltord (87e), Djorkaeff puis Zidane (61e), Henry puis Petit (74e) – Anelka.
MAROC : Fouhami – Mariana, El Karkouri, Naybet (cap.) puis Benchrifa (89e), Hdioud – Zerouali, El Hassas, Abrami puis Kharbouch (59e), Safri – Lambarati puis El Khattari (63e), Bassir.

EURO 2000

PREMIER TOUR

GROUPE A

Allemagne-Roumanie 1-1
Portugal-Angleterre 3-2
Roumanie-Portugal 0-1
Angleterre-Allemagne 1-0
Angleterre-Roumanie 2-3
Portugal-Allemagne 3-0

Classement	Pts	J.	G.	N.	P.	p.	c.	dif.
1. **Portugal**	9	3	3	0	0	7	2	+5
2. **Roumanie**	4	3	1	1	1	4	4	0
3. Angleterre	3	3	1	0	2	5	6	−1
4. Allemagne	1	3	0	1	2	1	5	−4

Portugal et Roumanie qualifiés.

GROUPE B

Belgique-Suède 2-1
Turquie-Italie 1-2
Italie-Belgique 2-0
Suède-Turquie 0-0
Turquie-Belgique 2-0
Italie-Suède 2-1

Classement	Pts	J.	G.	N.	P.	p.	c.	dif.
1. **Italie**	9	3	3	0	0	6	2	+4
2. **Turquie**	4	3	1	1	1	3	2	+1
3. Belgique	3	3	1	0	2	2	5	−3
4. Suède	1	3	0	1	2	2	4	−2

Italie et Turquie qualifiées.

GROUPE C

Espagne-Norvège 0-1
Yougoslavie-Slovénie 3-3
Norvège-Yougoslavie 0-1
Slovénie-Espagne 1-2
Espagne-Yougoslavie 4-3
Slovénie-Norvège 0-0

Classement	Pts	J.	G.	N.	P.	p.	c.	dif.
1. **Espagne**	6	3	2	0	1	6	5	+1
2. **Yougoslavie**	4	3	1	1	1	7	7	0
3. Norvège	4	3	1	1	1	1	1	0
4. Slovénie	2	3	0	2	1	4	5	−1

Espagne et Yougoslavie qualifiées.

GROUPE D

France-Danemark 3-0
Pays-Bas-République tchèque 1-0
République tchèque-France 1-2
Danemark-Pays-Bas 0-3
Pays-Bas-France 3-2
République tchèque-Danemark 2-0

Classement	Pts	J.	G.	N.	P.	p.	c.	dif.
1. **Pays-Bas**	9	3	3	0	0	7	2	+5
2. **France**	6	3	2	0	1	7	4	+3
3. R. tchèque	3	3	1	0	2	3	3	0
4. Danemark	0	3	0	0	3	0	8	−8

Pays-Bas et France qualifiés.

Premier tour

Le 11 juin, à Bruges
France bat Danemark 3-0 (1-0).
30 000 spectateurs.
Arbitre : M. Benko (Aut.).
Buts : Blanc (16e), Henry (64e), Wiltord (92e).

Les équipes :
FRANCE : Barthez – Thuram, Blanc, Desailly, Lizarazu – Deschamps, Petit, Djorkaeff puis Vieira (58e) – Zidane – Anelka puis Wiltord (82e), Henry.
DANEMARK : Schmeichel – Colding, Henriksen, Schjoenberg, Heintze – Groenkjaer, Toefting puis Gravesen (72e), A. Nielsen, Bisgaard puis Joergensen (72e) – Tomasson puis Beck (80e), Sand.

Le 16 juin, à Bruges
France bat République tchèque 2-1 (1-1).
30 000 spectateurs.
Arbitre : M. Poll (Ang.).
Buts : Henry (7e), Djorkaeff (60e) pour la France ; Poborsky (35e sur pén.) pour la République tchèque.

Les équipes :
FRANCE : Barthez – Thuram, L. Blanc, Desailly, Candela – Vieira, Deschamps, Zidane, Petit puis Djorkaeff (46e) – Anelka puis Dugarry (55e), Henry puis Wiltord (90e).
RÉPUBLIQUE TCHÈQUE : Srnicek – Repka, Rada, Gabriel puis Fukal (46e) – Nemec, Poborsky, Rosicky puis Jankulovski (62e), Bejbl puis Lokvenc (49e), Nedved – Koller, Smicer.

Le 21 juin, à Amsterdam
Pays-Bas battent France 3-2 (1-2).
51 000 spectateurs.
Arbitre : M. Frisk (Suè.).
Buts : Kluivert (14e), F. de Boer (51e), Zenden (60e) pour les Pays-Bas ; Dugarry (8e), Trezeguet (30e) pour la France.

Les équipes :
PAYS-BAS : Westerveld – Bosvelt, F. de Boer (cap.), Stam, Numan – Overmars puis Van Vossen (89e), Davids, Cocu, Zenden – Bergkamp puis Winter (78e), Kluivert puis Makaay (60e).
FRANCE : Lama – Karembeu, Lebœuf, Desailly (cap.), Candela – Pires, Vieira puis Deschamps (90e), Micoud, Dugarry puis Djorkaeff (68e) – Trezeguet, Wiltord puis Anelka (80e).

Quarts de finale

Le 25 juin, à Bruges
France bat Espagne 2-1 (2-1).
30 000 spectateurs.
Arbitre : M. Collina (Ita.).
Buts : Zidane (33e), Djorkaeff (44e) pour la France ; Mendieta (38e sur pén.) pour l'Espagne.

Les équipes :
FRANCE : Barthez – Thuram, L. Blanc, Desailly, Lizarazu – Deschamps, Vieira – Djorkaeff, Zidane, Dugarry – Henry puis Anelka (82e).
ESPAGNE : Canizares – Michel Salgado, Abelardo, Paco, Aranzabal – Ivan Helguera puis Gerard (77e), Guardiola, Raul, Mendieta puis Urzaiz (57e) – Munitis puis Etxeberria (73e), Alfonso.

Demi-finales

Le 28 juin, à Bruxelles
France bat Portugal 2-1 après prolongation (0-1, 1-1).
48 000 spectateurs.
Arbitre : M. Benko (Aut.).
Buts : Henry (51e), Zidane (119e sur pén.) pour la France ; Nuno Gomes (19e) pour le Portugal.
Exclusion : Nuno Gomes (119e) pour le Portugal.
Les équipes :
FRANCE : Barthez – Thuram, Blanc, Desailly, Lizarazu – Vieira, Deschamps, Petit puis Pires (87e), Zidane – Anelka puis Wiltord (72e), Henry puis Trezeguet (105e).
PORTUGAL : Vitor Baia – Abel Xavier, Fernando Couto, Jorge Costa, Dimas puis Rui Jorge (91e) – Sergio Conceiçao, Costinha, Rui Costa puis Joao Pinto (78e), Vidigal puis Paulo Bento (61e) – Nuno Gomes, Figo.

Quarts de finale

Portugal-Turquie 2-0
Italie-Roumanie 2-0
Pays-Bas-Yougoslavie 6-1
Espagne-France 2-1

Demi-finales

France-Portugal 2-1
après prolongation (but en or)
Italie-Pays-Bas 0-0
après prolongation 3 tirs au but à 1

Finale

France-Italie 2 à 1
après prolongation (but en or)

Finale

Le 2 juillet, à Rotterdam
France bat Italie 2-1 après prolongation (0-0, 1-1).
51 000 spectateurs.
Arbitre : M. Frisk (Suè.).
Buts : Wiltord (94e), Trezeguet (103e) pour la France ; Del Vecchio (56e) pour l'Italie.

Les équipes :
FRANCE : Barthez – Thuram, Desailly, L. Blanc, Lizarazu puis Pires (86e) – Djorkaeff puis Trezeguet (76e), Deschamps, Zidane, Vieira – Henry, Dugarry puis Wiltord (58e).
ITALIE : Toldo – Cannavaro, Nesta, Iuliano, Maldini – Pessotto, Di Biagio puis Ambrosini (66e), Fiore puis Del Piero (53e), Albertini – Totti, Delvecchio puis Montella (86e).

ORIGINE DES DOCUMENTS PHOTOGRAPHIQUES

Flash Press : Guy Jeffroy, Jean-Marie Hervio, Stéphane Mantey, Éric Renard/Onze Mondial, Franck Skorupan, Franck Faugere, Jean-Claude Lemasson, Franck Nataf, Éric Bretagnon, Neil Tingle/Action Plus : pp. 10BD, 11H, 16H, 16B, 17H, 17B, 18H, 18B, 22B, 24B, 26B, 32G, 33H, 33B, 34H, 34B, 35B,37, 38, 40H, 42H, 42B, 43H, 44H, 44BG, 44BD, 47B, 53H, 54, 56, 58, 59, 61H, 61B, 62H, 63B, 65H, 66B, 69, 71H, 73B, 74H, 74B, 79, 81, 82H, 82B, 86BD, 88H, 89, 90, 91B, 92H, 92B, 93, 96HG, 96HD, 97, 98, 99H, 100H, 100B, 102H, 105, 108, 109H, 109B, 110B, 111, 113B, 114H, 114B, 117B, 118H, 118B, 120H, 124H, 124BG, 124BD, 125, 126H, 128B, 129, 130H, 132H, 132B, 133H, 134H, 134B, 137H, 137B, 138HG, 138HD, 138BG, 138BD, 139, 140HG, 140HD, 140BD, 141H, 141M, 141B, 146B, 150, 152, 153. **Corbis/TempSport** : Christian Liewig, Dimitri Iundt, Stéphane Mantey, Christophe Pancellier, Pierre Lahalle, Olivier Prevosto, Eddy Lemaistre, Stéphane Reix, Colorsport, Witters, Yves-Marie Quemener, Miguelez, Laurent Baheux, Archives FFF : pp. 5, 8, 9, 10BG, 11B, 12D, 13, 14, 15H, 15B, 19H, 19B, 20, 21H, 21B, 22H, 23H, 23B, 24H, 25, 26H, 27HG, 27HD, 27BG, 27BD, 28B, 29, 30H, 30B, 31H, 35H, 39H, 40B, 41H, 41B, 43B, 45, 46, 47H, 48H, 48B, 49, 50H, 51, 55H, 55B, 57, 60, 62B, 63H, 65BG, 66H, 68, 70, 71B, 72, 73H, 75, 76, 77, 78, 80, 84, 85, 86H, 86BG, 87, 94, 95, 96B, 99B, 101, 103, 104, 106H, 106B, 107H, 107B, 110H, 112, 113H, 115, 116, 119, 120B, 121, 122, 126B, 127, 130B, 131H, 131B, 133B, 135B, 136, 140BG, 143H, 143B, 144, 148BG. **Vandystadt** : Philippe Montigny, Stéphane Kempinaire, Christophe Guibbaud, Laurent Zabulon, Bertrand Mahé, Nicolas Gouhier : pp. 6, 7, 10H, 36H, 36B, 39B, 50B, 52, 53B, 64H, 64B, 65BD, 67, 83, 88B, 91H, 128H, 135H, 145H, 149H. **Allspart/Vandystadt** : Laurence Griffiths, Phil Cole, Ben Radford, Shaun Botterill : pp. 10M, 12G, 28H, 31B, 32D. **AFP** : Pascal George, Gérard Malic, Pascal Guyot, Philippe Hugueu, Pedro Ugarte, Kazuhiro Nogi, Andreu Dalmau/EFE, Olivier Morin, Jack Dabaghian, Bucco/EPA/ANSA : pp. 4, 102B, 117H, 123H, 123B, 145B, 146H, 147H, 147B, 148H, 148BD, 149B. **D.R.** : p. 142.